企业管理与经济发展策略探究

何兴娟　刘瑞卿　孙一鹤　著

中国商业出版社

图书在版编目（CIP）数据

企业管理与经济发展策略探究 / 何兴娟, 刘瑞卿, 孙一鹤著. -- 北京 : 中国商业出版社, 2023.12
ISBN 978-7-5208-2769-0

Ⅰ. ①企… Ⅱ. ①何… ②刘… ③孙… Ⅲ. ①企业管理—研究 Ⅳ. ①F272

中国国家版本馆CIP数据核字(2023)第246938号

责任编辑：葛　伟

中国商业出版社出版发行
（www.zgsycb.com　100053　北京广安门内报国寺1号）
总编室：010-63180647　编辑室：010-83128926
发行部：010-83120835/8286
新华书店经销
天津和萱印刷有限公司印刷
*
787毫米 ×1092毫米　16开　12印张　202千字
2023 年 12 月第 1 版　2023 年 12 月第 1 次印刷
定价：65.00 元
* * * *
（如有印装质量问题可更换）

前　言

目前，我国经济以较快的速度稳定发展，社会发展进程持续推进，对企业的管理模式产生了深刻的影响，这对于企业管理的现代化发展有着积极的意义。因此，在这一大环境下我们需要深入探究企业管理的改革与创新问题，摒弃以往不适合经济发展的企业管理模式，消除传统工作方式对企业管理的桎梏，为企业的长远稳定发展提供重要的理论指导。时至今日，人们的生活水平与以往相比有了显著提高，企业的经营和管理面临着各种各样的考验。随着市场竞争形势的日益激烈，各大企业为了维持自身的稳定健康发展，必须在管理方式和模式上作出改变，只有这样才能在激烈的市场竞争中占据一席之地。怎样实现企业管理的现代化发展，已然成为各企业目前亟须关注和解决的问题之一。

经济发展指的是某个国家或地区的人均社会福利增长过程，反映着一个国家或地区的财富积累速度和体量，代表着经济结构的优化和社会效益的提高。也就是说，经济发展是经济增长的持续过程，是某个国家或地区社会结构创新及经济利益稳定提高的集中表现。

需要明确的一点是，企业管理和经济发展是两个密切关联的概念。实践早已证实，科学有效的企业管理可以促进社会生产效率的提升，能够加快国民经济发展的进程。企业管理的内容包含诸多方面，比如生产组织的设立与管理、工作流程的优化设计及资源的整合与分配等。企业基于生产运作流程的优化设计来提高对各种资源的利用效率，避免不必要的资源浪费，从而为消费者提供优质的产品和服务，塑造良好的企业品牌形象，提高客户满意度。企业管理有助于提高社会公众的生活水平，从而确保社会大众对物质的需求得以充分地满足。此外，企业管理还能为国家的建设与社会的发展创造可观的财富，进而增强企业的核心竞争力，为国民经济的改革与转型奠定基础。

随着经济全球化发展的愈演愈烈，企业的竞争环境变得更加紧张，给企业的生存与发展带来了一定的挑战。现如今，各种各样的新技术和新理念在市场中得到广泛的应用，加剧了商业模式的转型，为企业的跨界发展创造了良好的机遇和环境。在社会环境持续变化的综合影响下，企业管理者应注重自身的内部管理，吸收和培养优秀的管理人才，为抢占市场份额增加砝码，为自身的长远发展奠定基础。企业要想提高自身的核心竞争力，就应适当提高自身的管理水准，强调创造更多的经济效益，为社会经济的快速发展提供助力。

本书由何兴娟（青岛西海岸新区国内招商促进中心）、刘瑞卿（忻州师范学院）、孙一鹤（张家口卷烟厂有限责任公司）共同撰写，同时感谢郭倩倩（肥城市智能制造发展服务中心）、马达（中国邮政集团有限公司北京市物流业务分公司）为本书撰写提供的帮助。

本书围绕“企业管理与经济发展策略”这一主题，由浅入深地阐述了企业与企业管理、企业战略管理策略、组织管理策略、企业绿色质量管理策略、企业项目管理策略、企业文化管理策略、公共关系管理策略，系统地论述了创业管理策略、创新管理策略、企业绿色创新策略、人力资源与人力资源管理以及新发展格局与数字经济发展策略，以期为读者理解与践行企业管理与经济发展提供有价值的参考和借鉴。本书内容翔实、条理清晰、逻辑合理，兼具理论性与实践性，适用于从事企业管理相关工作的专业人士。

目　录

第一章　企业与企业管理

第一节　企业的概念与类型

企业是从事生产、流通与服务等经济活动的营利性组织，通过各种生产经营活动创造物质财富，提供满足社会公众物质和文化生活需要的产品或服务，在市场经济中占有非常重要的地位。

一、企业的概念

企业是指以营利为目的，运用各种生产要素，从事商品生产、流通和服务活动，为满足社会需要，进行自主经营、自负盈亏、自我发展、自我约束，并依法设立的经济组织。企业是商品经济发展到一定阶段的产物，是随着商品生产的发展而发展的。企业是一个经济性组织，同时又是一个社会性组织。企业是按照一定的组织规律有机构成的经济实体，一般以营利为目的，通过提供产品或服务获取收入，以实现投资人、客户、员工、社会大众的利益最大化。企业存在三类基本组织形式：个人独资企业、合伙企业和公司制企业，公司制企业是现代企业中最主要、最典型的组织形式。

在市场经济高度发达的今天，企业已成为社会经济的细胞和基本单位。具体来说，企业具有以下一般的社会规定性。

第一，企业是社会化商品生产条件下的社会经济细胞，亦即微观经济组织。作为经济组织，它同一切非经济的政府行政组织、民间组织相区别；作为微观经济组织，它又同国家（社会）的宏观经济组织相区别。

第二，企业是具有社会性和经济性双重目的的经济组织。一方面，企业要满足社会各方面生产和生活的消费需要，承担社会责任，这是企业存在的社会性目的；另一方面，企业必须盈利，为自身的发展提供积累，为员工提供福利，为国家提供税收等，这是企业存在的经济性目的。企业的社会性使它同自给自足的自然经济组织相区别，企业的经济性使它同行政组织、事业组织相区别。

第三，企业是在社会再生产过程中执行某种职能的经济组织，如农业企业、工业企业、商贸企业、金融企业、服务业企业等。非物质生产领域中的某些社会经济组织，如社会福利机构、基金会、慈善组织等则不属于企业。

第四，企业是自主经营、自负盈亏的经济组织。自主经营是指企业具有经营管理的自主权，能够依法独立进行生产经营活动。自负盈亏是指对其经营后果能够独立地享有相应的权益和承担相应的责任。

二、企业的类型

（一）企业类型的划分

按社会分工角色的不同，企业可分为工业企业、农业企业、商业企业、服务业企业等类型。

按规模大小，企业可分为大型企业、中型企业和小型企业三类。

按生产力各要素所占比例的不同，企业可分为劳动密集型企业、资金密集型企业、技术密集型企业、知识密集型企业四类。

按所有制性质的不同，企业可分为国有企业、集体所有制企业、民营企业、外商投资企业、联营企业、股份合作企业等类型。

按资产构成和所承担法律责任的不同，企业可分为个人独资企业、合伙企业和公司制企业三种常见类型。

（二）企业的组织形式

1.个人独资企业

个人独资企业是指由一个自然人投资，财产为投资人个人所有，投资人以其个人财产对企业债务承担无限责任的经营实体，所以又称独资企业。业主享有企业的全部经营所得，同时对企业的债务负有完全责任，如果经营失败，出现资不抵债的情况，业主要用自己的家产来抵偿。这种企业在法律上为自然人，不具有法人资格，是最简单的企业形式。

个人独资企业一般规模较小，内部管理机构简单。它的优点是设立和解散的程序简单易行；产权能够比较自由地转让，经营者与所有者合一，经营方式灵活，决策迅速，有较强的自主性；利润归个人所有，保密性强。它的缺点在于受个人出资的限制，多数企业本身财力有限，而且受到偿债能力的限制，取得贷款的能力较差，难以从事需要大量投资的大规模工商活动；企业生命力弱，寿命有限，企业的存在与否完全取决于企业主；最主要的是由于经营者必须承担无限责任，经营风险较大。

2.合伙企业

合伙企业是指由自然人、法人和其他组织设立的普通合伙企业和有限合伙企业。普通合伙企业由两个以上普通合伙人组成，合伙人对合伙企业的债务承担无限连带责任。法律对普通合伙人承担责任的形式有特别规定的，从其规定。合伙人按照协议共同出资、合伙经营、共同分享企业所得，并对营业亏损共同承担完全责任。它可以由部分合伙人经营，其他合伙人仅出资并共负盈亏，也可以由所有合伙人共同经营。有限合伙企业由2个以上50个以下合伙人设立，法律另有规定的除外；有限合伙人以及其认缴的出资额为限对合伙企业的债务承担责任。国有独资公司、国有企业、上市公司以及公益性的事业单位、社会团体不得成为普通合伙人。

普通合伙企业与个人独资企业相比有很多优点，体现在资本来源和信用能力相对较高，可以从众多的合伙人处筹集资本，合伙人共同承担偿还责任，降低了银行贷款风险，因此企业的筹资能力得到改善，可以提高竞争力，扩大经营领域；同时，合伙人对企业盈亏负有完全责任，这意味着所有合伙人都以自己的全部家产为企业担保，因而有助于提高企业的信誉。在一定程度上，合伙企业弥补了个人独资企业在资本、知识、能力等方面的缺陷，它的产生有其必然性。

合伙企业的缺点在于合伙企业是根据合伙人之间的契约建立的，每当合伙人发生变化时，都有可能重新确立一种新的合伙关系，从而造成法律上的复杂性；由于所有合伙人都有权代表企业从事经济活动，重大决策则需要得到所有合伙人的一致同意，因而很容易造成决策上的延误和差错，给企业管理协调增加难度；所有合伙人对企业债务都负有连带无限清偿责任，这就使那些并不能控制企业的合伙人面临很大的债务风险。由于存在这些特点，一般来说，这类企业规模较小，资本需求量较少。合伙人的个人信誉有明显重要性的企业如律师事务所、会计师事务所、诊疗所等，常常采取普通合伙企业形式。

3.公司制企业

公司制企业又称公司，是指依法由股东出资组成，或是由两个以上企业出资联合组成的企业。公司是法人，在法律上具有独立人格，这是公司与个人独资企业、合伙企业的重要区别。目前，我国现代企业制度的组织形式主要有有限责任公司和股份有限公司两种。

（1）有限责任公司。它是指由50个以下股东共同出资，每个股东以其出资额对公司承担有限责任，公司以其全部资产对其债务人承担责任的法人。其基本特点是：公司的全部资产不分为等额股份，公司向股东签发出资证明书，不发行股票；公司股份的转让有严格限制；股东人数在法律上有上下限度；股东按出资额享有权利及承担义务。

（2）股份有限公司。它是指注册资本分成等额股份，并通过发行股票或股权证筹集资本，股东以其所认购的股份对公司承担有限责任，公司以全部资产对公司债务承担责任的企业法人。其基本特点是：股份有限公司的股票可以自由交易、转让；股东人数必须达到法定人数；每一股有一票表决权；股东以其持有股份数享有相应的权利、承担相应的义务；公司应将经注册会计师审查验证的财务报告公开。

与有限责任公司相比，股份有限公司在股东数量、股本分类及资金募集方式等方面有着一定的区别，详情如下。

第一，二者的股东数量不一样。就有限责任公司而言，其股东数量通常介于1～50人。但是，对于股份有限公司来讲，其股东数量通常不设上限，少则2人，多则几十万人或上百万人。

第二，二者的股本划分方式有着一定的区别。其中，有限责任公司的股份无须设置为等额股份，只和股东的出资额有关。而股份有限公司的股票则强调等额平均，每一股的金额都一模一样。

第三，二者的资金筹集方式有着明显的差别。有限责任公司的资金募集者为发起人，不具备公开募集的资质和条件，股票也不能在全社会中公开发行，被禁止上市交易；但是，股份有限公司则能够根据实际需求来面向社会筹集资金，同时其股票还能在证券交易所上市。

第四，二者的股权转让条件和规定有着一定的差别。其中，有限责任公司的股东能够根据现行法律法规来对自己所掌握的股本进行转移或交易；股东可按照法律法规来转让股本，但要符合半数原则。就股份有限公司而言，其股东可根据自身需求和意愿来转让或交易股票，但禁止退股。

第五，二者的公司组织机构权限有着一定的区别。针对有限责任公司来讲，其股东人数通常不多，在组织机构设置上讲究简单方便，通常只会设立单一的董事会，由股东担任相关职位，表现出一定的权限机动性。而股份有限公司的组织结构设立则相对比较复杂，涉及大量的股东，使其在权限上往往被制约，导致董事会拥有过于集中的权力。

第六，二者的股权证明形式有着明显的差别。其中，有限责任公司的股权证明通常指的是企业出具的出资证明书；而股份有限公司的股权证明则以股票的形式体现出来。

第七，二者的财务透明度有所差异。针对有限责任公司来讲，其财务状况没有必须公开的要求，只面向股东披露；而对于股份有限公司来说，则需要在一定时间内向外界公开具体的财务状况，不具备较强的保密性。

第二节 企业管理与企业管理者

一、企业管理

（一）企业管理的内涵

企业管理是对企业的生产经营活动进行计划、组织、领导和控制等一系列职能的总称，共有三层含义。

第一层含义说明管理采用的措施是计划、组织、领导和控制这四项基本活动，这四项活动又称为管理的四大基本职能。

第二层含义实际上是第一层含义的目的，即利用管理职能来协调人力、物力和财力方面的资源。

第三层含义又是第二层含义的目的，协调人力、物力和财力资源旨在使整个组织的活动更加富有成效，这也是管理活动的根本目的。

（二）企业管理的主要内容

企业管理可划分为几个业务职能分支：人力资源管理、财务管理、生产管理、采购管理、营销管理等。通常，公司会按照这些专门的业务职能设置职能部门。

在企业系统的管理上，又可分为企业战略、业务模式、业务流程、企业结构、企业制度、企业文化等系统的管理。美国管理界在借鉴日本企业经营经验的基础上，最后由麦肯锡咨询公司发展出了企业组织七要素，又称麦肯锡7S模型；在七要素中，战略、结构、制度被看作“硬件”，风格、人员、技能、共同价值观被看作“软件”，其中以共同价值观为中心。

二、企业管理者

企业管理者是指通过其职位能够影响该企业经营成果的人。现代观点强调企业管理者必须对企业负责，而不仅仅是拥有权力。

（一）企业管理者的角色

企业管理者在管理工作中表现为十种角色，这十种角色可分为三大类：人际角色、信息角色和决策角色。

1.人际角色

人际角色的产生以企业管理者的正式权力为基础。企业管理者所扮演的三种人际角色是：代表人角色（行使一些具有礼仪性质的角色）、领导者角色（企业管理者和员工一起工作并通过员工的努力来确保企业目标的实现）、联络者角色（在企业内部与外部利益相关者之间建立良好的关系）。

2.信息角色

企业管理者负责确保和其一起工作的人可得到足够的信息，从而能够顺利完成工作。整个企业的人依赖企业管理结构和企业管理者获取或传递必要的信息，以完成工作。信息角色包括监督者角色（持续关注内外部环境的变化以获取对企业有用的信息，接触下属或从个人关系网获取信息，依据信息识别工作小组和企业潜在的机会和威胁）、传播者角色（分配监督者所获取的信息，保证员工拥有必要的信息以便切实有效完成工作）、发言人角色（把信息传递给企业或企业以外的个人，让利益相关者感到满意）。

3.决策角色

企业管理者按照既定的计划行事，并分配资源以保证计划的实施。决策角色包括企业家角色（对作为监督者发现的机会进行投资并加以利用）、干扰应对者角色（处理企业运行过程中遇到的冲突或问题）、资源分配者角色（决定企业资源用于哪些项目）、谈判者角色（进行必要的谈判，对象包括员工、供应商、客户和其他工作小组，以确保朝着企业目标迈进）。

（二）企业管理者的层级

一般来讲，企业中从事管理工作的人可能有许多，可以将这些企业管理者按所处的管理层级进行分类，主要有以下三种类型。

1.高层管理者

高层管理者处于最高的企业层级，负责确定企业目标，制定实现目标的战略，研究外部环境状况并就整个企业的问题进行决策。高层管理者要具有战略眼光，在高层管理者的所有职责中，最重要的责任是沟通企业的共同愿景，塑造企业文化。高层管理者要对整个企业负责。

2.中层管理者

中层管理者是指处于高层管理者和基层管理者之间的一个或若干个中间层级的管理者，其主要职责是贯彻执行高层管理者所制定的重大决策，监督和协调基层管理者的工作。中层管理者管理的内容一般属于战术性的。

3.基层管理者

基层管理者是指处于最低层级的一线管理者，他们管辖作业层人员，主要职责是给下属分派具体的工作任务，直接指挥和监督现场作业活动，保证各项任务的有效完成。基层管理者管理的内容一般属于作业性的。

（三）企业管理者的技能

1.技术技能

技术技能是指使用某一专业领域内有关的工作程序、技术和知识完成企业任务的能力。对于企业管理者来说，拥有技术技能对于更好地胜任管理工作尤为重要。

2.人际技能

人际技能是指处理人际关系的能力。一个企业的管理者不可避免地要处理企业内部与外界的关系。

3.概念技能

概念技能是能够洞察企业及企业所处环境的复杂性，并根据环境的变化迅速作出对某种客观事物发展规律的抽象概括的能力。

以上三种技能是任何层级的企业管理者都要具备的，只是随着企业管理者管理层级的变化而各有侧重。一般来说，对高层管理者的技能要求是：概念技能最高，人际技能稍次，技术技能最低；对中层管理者的技能要求是：人际技能最高，概念技能稍次，技术技能最低；对基层管理者的技术要求是：技术技能最高，人际技能稍次，概念技能最低。其中，人际技能对于任何层级的管理者都至关重要。

第二章　企业战略管理策略

第一节　企业战略管理及其原则与过程

一、企业战略

随着经济社会的发展，“战略”一词开始从军事领域移植到政治、经济、科技、教育、外交和社会发展等诸多领域，外延逐步扩大，内涵日益宽泛。最早把战略思想引入企业经营管理领域的是美国管理学家切斯特·巴纳德，他在代表作《经理人员的职能》一书中指出，企业是一个由物质、生物、个人和社会等多方面因素构成的综合系统，他运用“战略因素”这一概念对企业诸因素及其相互影响进行分析，以说明企业组织的决策机制。但此时对该词的应用并不广泛，直到1965年美国战略学家安索夫所著《企业战略》一书问世后，“企业战略”一词才开始得到广泛应用。

（一）企业战略的概念和内涵

20世纪70年代，随着企业战略实践的发展和理论研究的深入，学术界形成了关于企业战略本质的多种观点，可大致分为以下四种。

（1）美国战略学家安德鲁斯认为，战略是通过一种模式，把企业的目的、方针、政策和经营活动有机地结合起来，使企业形成自己的特殊战略属性和竞争优势，以便解决不确定环境中的企业发展问题。

（2）美国达特茅斯学院奎因教授认为，战略是一种模式或计划，它将一个组织的主要目的、政策与活动按照一定的顺序结合成一个紧密的整体。

（3）在美国著名战略学家安索夫看来，企业战略是一种关于企业经营性质的决策，总体战略用以决定企业该从事哪种类型的业务，而经营战略则在企业从事某种类型的经营业务以后，用以决定在这一领域里进行竞争的方式和方法。

（4）加拿大战略学家明茨伯格借鉴市场营销四要素（4P）的提法，指出企业战略是由五种规范的定义阐述的，即计划（Plan）、计策（Ploy）、模式（Pattern）、定位（Position）和观念（Perspective），构成了企业战略的“5P”。

早期的战略观具有以下共同点：认为战略需在企业经营活动发生之前制定，以指导企业的经营行为；战略是有意识、有目的地开发，以明确企业的经营方向和领域；战略制定的出发点是企业内部条件，这隐含企业的发展具有无限空间的假设；战略制定一般是企业高层经理的工作，较少涉及中下层人员。

20世纪80年代以来，企业战略各学派经过交叉影响、融合分化，形成了对企业竞争与发展极具影响的三大学派，进一步完善了企业战略理论体系。这一时期的战略观点主要有四类：其一，战略是一种意象，是企业渴望得到的远大前程和领先地位；其二，战略是一种选择，企业成功与否取决于能否通过选择争取一个有价值的竞争地位；其三，战略是一种革命，随着市场竞争日益加剧、顾客需求不断改变、科学技术飞速发展、产业革命周期越来越短，企业应当积极寻找产业革命的机会，努力成为先行者；其四，战略是一种过程，处于不同生存与发展阶段的企业，对企业目标、自身实力和环境变化会有不同的认识与反应。

综合上述观点，我们认为，企业战略是企业未来生存发展的长期目标与实现该目标的途径和手段的总和。我们对企业战略的理解是广义的，即企业战略的内涵首先包括企业的长期目标，确定企业生存发展的长期目标本身就是一种战略行为；其次，如何实现企业的长期目标是企业战略的又一主要内容，所有能够实现战略目标的途径和手段都是企业战略不可分割的组成部分。

（二）企业战略的特征

企业战略管理关系到企业长远的发展，是企业对未来发展作出的整体性谋划，因此企业战略管理具有以下特征。第一，长期性。企业战略并非一时之战略、一日之战略，是企业长期发展的规划，在时间上具有延续性，因此企业战略的时间跨度一般在5~10年。第二，核心性。企业战略是对企业核心理念和核心业务进行定位和布局的行为，关系到核心利益、核心业务等多个核心。第三，权威性。企业战略是企业的顶层设计，是企业管理层所作出的科学决策，是解决公司发展中重大问题的方法和措施，因此要付诸实施和管理，并要具有较强的权威性。第四，整体性。企业战略不是某一个部门、某一个业务单元的事情，而是企业整体的行为，其关系到企业整体的业务发展，需要公司各部门的协调和实施，是一种整体性、系统性的安排。第五，适应性。企业战略是针对战略环境变化所作出的反应，是企业适应内外部环境变化的行为，因此企业战略具有较强的适应性。

（三）企业战略与相关概念的辨析

实际应用中，人们经常将企业战略的概念与其他一些相关概念相混淆，因此，需要进行简要的辨析。

1.战略与战术的区别

战略不同于战术，它们既存在密切联系，又有明显区别。一般来说，战略与战术主要是全局与局部、目的与手段的关系。企业战略是企业的最终目标及对达到目标的手段和途径的总体谋划，是关于企业全局性、长远性、根本性的重大决策。而企业战术是指为达到战略目标所采取的具体行动，是为实现战略任务而采取的手段，它具有全局性和暂时性等特征。

2.战略与规划、计划的区别

从广义来讲，战略、规划、计划都是对未来的筹划，从管理的职能上看，都可归于计划的范畴。国外也往往采用广义的计划概念，只是按时间区分为短期计划、中期计划和长期计划。

从狭义来讲，战略、规划、计划既有联系，又有区别。战略是规划和计划的灵魂，规划和计划必须体现既定的战略。战略是规划的基础，规划又是计划的基础，应当先有战略，再有规划，再订计划，使其成为可以布置、可以检查的具体行动方案。从这个意义上说，规划和计划是战略的继续、深化和细化。

二、企业战略管理的原则

企业战略管理是对企业生存和发展等重大问题作出的思考，关系到企业全局和长远发展，其指定和实施必须遵循科学的原则，才能保证企业战略的科学性、正确性，也能从根本上促进企业持续健康发展，因此，企业战略管理要根据相关原则进行展开，其主要包括：统筹管理原则、环境适应原则、全员参与原则、反馈修正原则。

第一，统筹管理原则主要是指企业战略的制定和实施需要整合公司各种资源，其过程从制定、实施、控制，到评价、反馈等多个环节要整合管理，各环节环环相扣、互生互利。

第二，环境适应原则主要是根据企业战略的环境适应性衍生而来，其主要是指企业战略管理过程中要充分分析企业所面临的外部环境，详细分析企业行业环境，充分了解企业内部环境的特点，进行适应性的管理行为。

第三，全员参与原则主要是基于企业战略的整体性而来，企业战略是企业整体性的发展问题，需要各个部门、各个员工参与实施，从管理层到员工层，从决策层到执行层都需要参与其中，才能保证企业战略的落地实施。

第四，反馈修正原则主要是指企业战略管理是一个动态过程，并不是一成不变的。企业战略时间跨度较长，在这期间企业内外部环境都能发生变化，因此企业的战略也要作出及时调整，针对企业战略的实施效果进行反馈修正，从而保证企业战略的科学性和长远性。

三、企业战略管理的过程

综合国内外学者的观点，我们认为，企业战略管理就是企业制定并实现其战略的动态管理行为。全面、规范的企业战略管理过程大体可分解为三个阶段：战略分析阶段、战略制定与选择阶段、战略实施与控制阶段。

（一）战略分析

战略分析是企业战略管理的关键环节，是对企业内外部经营环境的辨识与分析。对经营环境，通常进行SWOT分析，及时发现和找出外部环境的机会与威胁、内部环境的优势与劣势。

（二）战略制定与选择

战略制定与选择的主要任务是，根据企业对战略环境的分析和认识，制定和选择企业目标与战略，完成企业战略系统的构建。首先构建企业战略目标体系，再根据企业组织的层次结构，按照总体战略、业务战略和职能战略三个层次制定并选择企业战略。

（三）战略实施与控制

战略实施与控制的主要任务是根据战略方案的要求，调整企业结构、分配管理工作、进行资源合理配置，并通过计划、预算等落实执行工作。企业战略管理是一个环环相扣、循环往复、螺旋上升、持续发展的动态管理过程，它将企业所有的经营管理工作都纳入战略系统，使企业上下的所有工作都围绕着企业战略展开，在动态、持续的变化和发展中实现企业的战略目标。

第二节　企业战略信息化管理策略

一、企业信息化的内涵

企业信息化是指信息法人利用现代信息技术，开发企业信息资源，调动人力资源信息潜能，并建立与之相适应的组织模式，推进企业现代化，提高企业的经济效益和竞争力的过程。这一定义很有特色，提出了信息法人的概念，注重人力资源信息潜能的开发。

（1）企业信息化的基础是企业的设计制造、管理运营模式，信息技术是实现企业信息化的手段。在信息化过程中，企业越来越需要发挥创造性借助信息技术实现管理运营模式创新。

（2）企业信息化的概念、目标与内涵是不断发展的，它随着企业管理创新和技术的进步而发展。信息技术已经经历了数字产品时代和信息技术时代，正处于网络时代，企业经营发展进入了电子商务时代。

（3）企业信息化是一个系统工程。信息化建设是一个人机结合的有层次系统工程，包括企业领导和员工理念的信息化转变；组织经营管理的信息化；设计制造的信息化等。

（4）信息（知识）开发和利用是企业信息化中心。通过分析企业对信息需求来确定企业对信息技术的需求，实现信息稳定和共享。重新配置、开发和利用信息资源可增加企业经营绩效，信息资源是企业信息优势的核心资源。企业的竞争优势是信息优势的外部表现，信息优势是竞争优势在企业内部的存在形式。

（5）信息化的实现是一个过程。企业信息化可能要选择和实施多个信息化软件。一个信息技术项目的实现过程可划分为咨询服务、软件选型、硬件选购和配置、用户培训、客户化开发、项目具体实施等子过程，实现之后还要维护和优化。所以信息化需要总体规划、分步实施和集成。

二、企业信息化的层次及集成

企业信息化包含四个方面的内容，分别是生产作业层的信息化、管理办公层的信息化、战略决策层的信息化、协作商务层的信息化。前三者则是基于企业内部讲的，形成企业内部信息化的三个层次；协作商务层是基于企业与外部联系讲的，包括与之交易的上游企业和下游企业以及企业与政府的信息交换。

（一）生产作业层的信息化

生产作业层的信息化包括：设计、研发的信息化，如CAD/CAM/CAPP（计算机辅助设计/制造/工艺计划）等；生产的信息化，如NC（数控机床）、FMS（柔性制造系统）等；作业监控的信息化，如CAT/CAI/CAQC（计算机辅助测试/检查/质量控制）等。

（二）管理办公层的信息化

管理办公层的信息化，有根据企业量身定做的M信息系统，也有通用程度很高的企业集成管理软件，如MRPII和ERP等，还有办公自动化（OAS）、工作流系统（WFS）等。

（三）战略决策层的信息化

战略决策层的信息化包括决策支持系统（DSS）、竞争情报系统（CIS）、战略信息系统（SIS）、经理或主管信息系统（EIS）、专家系统（ES）等。在对管理者的决策支持方面，决策支持系统、竞争情报系统、经理信息系统和战略信息系统是目前的热点。

（四）协作商务层的信息化

协作商务层的信息化包括电子数据接口（EDI）、电子商务（EC）、供应链管理（SCM）等。

上述四个层次的信息化内容集成到一起，如果从系统的角度去理解，则称为CIMS（计算机集成制造系统或计算机集成管理系统）；单纯从网络的角度去理解，则可分为企业内联网（Internet）和企业外联网（Extranet）。20世纪90年代以前，上述各层面间是互相独立的，各层内部的信息可以利用机器自动交换和加工，但各层之间的信息交流仍然需要人为影响。互联网产生以后，特别是20世纪90年代后期互联网热潮升起以后，网络的高速发展和应用使企业信息化的层次结构变得模糊了，各系统的功能开始交叉覆盖，信息开始由封闭变为共享，网络化成为大势所趋，实施网络化管理的企业生产效率也获得了巨大的提升。同时信息技术的广泛和深入的应用使企业管理思想朝着扁平化方向发展，管理思想的这种变化反过来促使企业信息化战略朝着多维集成的方向转移。

三、信息战略、信息系统/信息技术战略和企业信息化战略

20世纪80年代之后，由于信息技术在发达国家的部分企业中逐渐成为核心技术，信息资源管理更多地介入企业战略管理层面，信息战略开始成为一些学者的研究对象。80年代后期，信息战略进入企业实践领域，成为与财务战略、人力资源战略、市场营销战略等同等重要的职能战略。信息战略是企业的职能管理战略之一，是企业信息功能要实现的任务、目标及实现这些任务和目标的方法、策略、措施的总称；信息战略本身还可以划分为信息技术战略、信息资源战略、电子商务战略、信息组织战略等功能或管理战略。

信息战略包括信息技术战略。信息技术战略规划是制定、实施、评估和调整信息技术战略的过程，是企业战略规划的一部分。信息系统/信息技术战略则是指为满足企业经营需求、实现企业战略目标，由企业高层领导、信息系统技术专家、信息系统用户代表根据企业总体战略的要求，对企业信息系统的发展目标和方向制定的基本谋划，是企业信息系统建设在较长时期内应遵循的依据。ITSP（Information Technology Strategy Planning，信息技术规划）包含信息系统规划与“狭义的信息技术规划”两个部分。信息系统规划（Information System Strategic Planning，SP）是在理解企业的发展愿景、业务规划的基础上，形成信息系统的愿景、组成架构、各部分的逻辑关系，以支撑企业业务规划（Business Strategic Planning，BSP）的目标达成。狭义的信息技术规划是：承接信息系统之后，对信息系统的各部分的支撑硬件、支撑软件、支撑技术等进行计划与架构，围绕“技术”来展开。

企业信息化战略是指基于企业发展目标与经营战略，制定企业信息技术应用与发展的整体思路与指导体系，确定信息化战略目标、原则、策略和步骤等内容。企业信息化战略的制定离不开对企业目标和经营战略的分析。在企业发展战略指导下，分析信息技术应用对企业发展战略实施的支持作用，构造战略性信息化建设框架，制定分阶段信息化建设目标，确定目标实现的措施、方法体系，以促进企业产业优化、经营优化、产品优化，最终推动企业战略目标的实现，这正

是企业信息化战略规划的任务。信息化战略规划是指以整个企业的发展目标、发展战略和企业各部门的业务需求为基础，结合行业信息化方面的实践和对信息技术发展趋势的掌握，定义出企业信息化建设的远景、使命、目标和战略，规划出企业信息化建设的未来架构。

经过以上分析，笔者认为常见的信息技术战略、信息系统/信息技术战略、信息化战略；信息技术战略规划、信息系统/信息技术战略规划和信息化战略规划是同指一个意思，一般是可以互换使用的。

四、企业战略信息化的内涵

从信息技术与战略的关系来看，波士顿大学管理学家恩·温克特拉曼关于信息技术发展阶段论的观点较准确地反映了客观事实。他认为，发达国家已经经历了信息技术的四个发展阶段：第一阶段，信息技术独立于企业战略之外；第二阶段，信息技术为企业战略服务（如克莱斯勒公司应用电子数据交换支持公司战略）；第三阶段，信息技术决定企业战略，或者说信息技术为企业战略创造机会（如《华尔街日报》借助信息技术实施全球发展战略）；而现在的第四阶段，因为互联网，信息技术战略与企业战略已融为一体，不可分割。企业信息化战略指的是信息技术为企业战略服务的第二阶段，企业战略信息化研究的重点是第三、第四阶段。在信息技术与竞争优势部分，本节主要研究的是信息技术对竞争战略和核心竞争力培育的支持；在基于信息技术的管理创新和新经济时代的战略创新部分，偏重于信息技术为企业战略创造新机遇。

企业战略信息化是指企业关于信息技术的战略意义和战略创新的新思维模式，据此制定出新战略，并确定出支持新战略的信息化发展目标、模式、阶段和策略等来构建战略信息系统，以重塑企业竞争优势和核心能力。

企业战略信息化有广泛的含义，其内涵如下。

（一）企业战略信息化是一种战略创新和信息技术应用创新的思维模式

信息技术是导致当今企业变革的重要因素，可以用麦肯锡7S框架（结构、战略、系统或体制、技能、风格、员工和共同价值）来表示它对企业的影响。信息技术是引发战略变革的一个重要的外因，通过企业投资和管理信息技术逐渐把它转变为影响管理变革的内生因素。在网络经济条件下，企业寻求技术进步带来的新机遇，用信息技术来实现其战略创新。对于信息技术应用企业应使用归纳法思维而不是演绎思维。管理人员提出的问题应该是“我们怎样才能利用技术，使我们能做过去所未曾做的事？”，而不是“我们怎样才能利用这些新技术的潜力来加强、革新或改进我们现有的工作”。信息技术应用的思维模式决定企业的信息技术应用最高水平。

（二）企业战略信息化的目的是形成企业竞争优势和核心能力

战略要关注两个方面，一方面是企业在市场竞争中的表现——竞争优势，另一方面是核心能力的培育。企业战略信息化的目的应该是明确的，就是要有助于企业在这两方面有所建树。

（三）企业战略信息化的对象是企业的价值链和价值流

价值活动是产生竞争优势的依据，信息技术通过改善对价值活动的信息服务质量帮助提高企业竞争力。企业战略的基石是跨职能的业务流程，一个企业要成功，就必须将其核心业务流程转变成一种他人难以模仿的战略能力，这里的能力是一套从战略意义理解的业务流程。信息技术可以提高核心业务流程的速度、一贯性、敏锐性、灵活性和创造力，从而帮助企业提高核心能力。詹姆斯·迈天的“价值流”思想与乔治·斯托克等人的核心业务流程思想是一致的，迈天把战略价值流看作一种独特的能力。因此，企业有两种基本的战略信息化模式——基于价值链信息化模式和基于价值流信息化模式。

（四）企业战略信息化的实现基础是战略信息系统

战略信息系统是从战略目的出发对信息技术的应用。凡出于战略目的，能够影响企业战略和企业计划，并能为企业带来（或维护）竞争优势的信息技术应用都是战略信息系统。在企业新战略确定后，企业战略信息化就退化为构建战略信息系统，通过战略信息系统来实现新战略。

（五）企业战略信息化的本质内容是战略变革管理

战略变革是企业为了获取可持续竞争优势，根据所处的外部环境或内部情况已经发生或预测会发生和想要使其发生的变化，秉承环境—战略—组织三者之间的动态协调性原则，涉及企业组织各要素同步支持性变化的改变企业战略内容的发起、实施、可持续化的系统性过程。信息技术不是“银弹”，它的价值需要通过一系列变革来释放，变革管理是战略信息化的必要内容。战略信息化是对战略管理过程在新经济下的变革探索，本身也是一种创新。

（六）企业战略信息化是一个长期集成过程，需要信息化战略规划的支持

企业战略信息化是一个反馈学习和实验过程，不可能一次就能实现“战略与信息技术的相互一致性”。企业战略信息化作为高层管理者思考和讨论信息技术创新性应用提供机会的意义大于作为方向规划的意义。我们主张企业主动利用信息技术进行创新，但是有时企业信息化是对竞争对手的应激反应。企业的信息化效果要与竞争对手多次较量后才能显现，是一个动态博弈过程。企业一方面要不断审视信息技术与战略之间的关系，寻求战略创新的机会；另一方面，要进行信息化战略规划，通过规划过程的不断实施来实现自己的战略信息化目的。此外，不同的信息技术包含的管理思想不同，加强管理的方面不同。“信息技术基础结构”包括的内容丰富，实现它们的集成而形成竞争优势需要一个过程。

五、企业战略信息化的构成

企业战略信息化就是创造性思考信息技术怎样帮助企业利用网络时代变革带来的机会而获得竞争优势的新思维。它主要由两个层面的要素构成。

（一）基于信息技术的战略创新/变革

在这个层面上主要研究信息技术的潜能，为战略创新吸取经验和开阔视野。战略制定者要使用发散思维和有推倒重来的勇气。企业利用信息技术先思考可能打破的那些由来已久的规则，再去找出打破陈规后可能出现的商业机会。企业可以利用新商业机会开拓新的业务领域和行业。另外，企业还可利用信息技术进行战略变革，创造新的战略和经营模式。信息技术可以使核心战略、战略资源、客户界面和价值网络呈现出完全不同的形态而重塑“经营模式”。在电子商务环境下，企业面临着探究和实施新价值链管理、基于网络和时间的竞争战略的挑战。外界环境的变化使企业的战略不再具有适应性，企业需要对其战略进行变革，以构建新的适应性的一体化战略。

（二）信息技术战略

在现有或新的战略下，企业开始利用信息技术实现它们。信息技术战略是关于信息技术怎么支持其战略的方向性规划。对于大的集团公司而言，子公司或业务单元也会有其相对独立的信息技术战略。信息技术战略是信息化战略规划的输出结果之一，企业通过规划获得信息技术战略。

信息技术战略由以下几部分组成。

（1）信息技术定位：确定信息技术对企业战略的影响状况。

（2）使命（Mission）：阐述信息技术存在的理由、目的及在企业中的作用。

（3）远景目标（Vision）：信息技术的发展方向和结果。

（4）信息化模式：它是信息技术与企业战略的结合形式。

（5）中长期目标（Medium to Long-term Objectives）：远景目标的具体化，即企业未来2~3年信息技术发展的具体目标。

（6）信息技术基础结构：它是信息技术战略规划的核心成果，由体系结构、数据应用和管理实践组成。

信息技术和现代企业正在变得相互交织、难解难分。企业经过以上两个层面的努力，为自己提供一个全新的信息化商业运营平台，实现信息技术战略与企业战略融合，把企业打造成“计算机化企业”。

六、信息化视域下的企业战略管理创新

（一）企业战略管理信息化概述

企业战略管理信息化是指企业将网络化、数字化技术与企业的所有生产活动全面融合，并对企业战略管理、技术创新产生深远影响，帮助企业改革经营模式，构建更加完善的经营制度的过程。从某种角度而言，企业战略管理信息化就是企业实现信息化目标的总体性规划，是保障企业发展的重要手段。其本质是通过将信息技术与企业各个流程的有机融合，借以来支撑企业的整体发展，帮助其不断提高市场竞争力，使其立于不败之地的过程。其具体表现是在企业战略管理信息化的发展战略指导下，构建完善的企业经营模式，帮助其不断提高影响力和发展力。

（二）企业战略管理创新的必要性

随着网络技术的不断普及和发展，信息化已经成为推动企业发展的重要力量，在方方面面影响着企业的发展和管理。现如今，随着信息技术在各行各业的不断应用，企业员工对于信息技术的应用也逐渐娴熟，企业通过在生产销售过程中应用信息技术对企业的经营活动也产生了积极的影响。所以，企业对信息化的应用是实行企业战略管理创新的重要途径，也是帮助企业提升市场竞争力和

影响力的重要手段。若企业仍然闭门造车、故步自封，不顺应时代发展积极对自身经营模式进行有效创新，必然会被市场淘汰。企业要想发展，就必须顺势而为，积极将信息技术与自身经营模式进行有效融合，才能保证企业有一个长足的发展。

信息化的融合进程需要企业对自身进行创新。企业的创新说到底就是顺应时代发展需要，不断满足消费者生活需求，从各个方面对本身产品进行升级换代的过程。随着市场经济的不断发展，技术创新已经成为一个企业生存和发展的条件和基础，是其提高市场竞争力的重要手段。

（三）信息化视域下企业战略管理创新策略

随着经济的不断发展及科技的进步，人民的生活在不断发生改变，其需求也在不断变化。企业的发展必须建立在正确的企业战略管理方向上。在企业管理的众多方面中，企业战略管理是最宏观的一面，一个企业战略管理的制定主要应从以下几方面进行。

1.增强企业品牌意识

对于消费者来说，购买产品时在同等质量的情况下，其肯定会优先选择大品牌的产品。所以对于提升企业竞争力行之有效的方法就是增强企业的品牌意识，为企业树立一个良好的企业形象。企业要想发展，就必须加强对品牌的管控，根据市场方向，对企业的发展战略不断进行调整，进而不断提升企业的市场竞争力。企业对品牌的有效管控，在一定程度上能够为企业产品的营销和发展提供相应的市场基础。对于品牌的有效把控，企业可通过各种渠道如媒体、广告牌、代言等进行有效的宣传，使企业自身产品宣传能够深入人心、引起共鸣，进而让更多的消费者认识自己的产品，提升企业在市场中的影响力。同时，一个品牌的建立，必定能对企业建立独特企业文化有所帮助。品牌的建立是一个企业产品发展的基础，对品牌的不断塑造，在无形中对企业文化也在产生积极影响。

2.完善薪酬制度

科学完善的薪酬制度是维护企业发展的重要手段，可有效防止人才流失。企业要根据自身发展情况，建立科学完善的薪酬制度。在实行按劳分配的基础上，可尝试按贡献分配的激励制度，避免出现所得非应得的现象发生，保证那些缺乏客观衡量标准员工的利益，使其能在企业发展过程中，也能享受到企业带来的利益。建立科学完善的薪酬制度，既能提升企业的凝聚力，又能充分提升员工的工作积极性，是当前时代提升企业市场竞争力最简单也是最有效的方法。

3.加强员工工作技能培训

“打铁还需自身硬。”当前社会各行各业竞争如此激烈，一个企业要想发展，必须有质量过硬的产品和职业技能过高的员工队伍。企业要发展，就必须不断加强员工工作技能培训，使其在日常工作中能够充分发挥自身潜力、不断创新，进而保证产品质量的稳步提升。企业要从自身实际情况出发，立足根本，不断加强对员工的技能培训，采用多种渠道吸引更多的高素质人才。一个产品从研发、生产到销售，其根本目的就是满足消费者生活中的某种需要。当今社会，市场瞬息万变，消费者的需求也在不断发生变化。企业要想发展，就必须培训员工的创新意识，源源不断地创造出更符合消费者个性化需求的产品，进而提升在市场发展中的竞争力。企业可不定期邀请行业专家学者对员工进行技能培训，给优秀员工提供岗位深造的机会，通过各种渠道对人才进行招揽，并给予优厚的工作待遇，进而提升市场竞争力。

4.培养员工的创新意识

创新是衡量一个企业发展力的重要指标，要实现由“中国制造”转变为“中国创造”，就必须培养新型的创新创业人才。我国人口数量庞大，缺乏的不是简单的劳动力，而是行业的精英。所以从高基数中转化出高质量的人才，成为我国未来的重要发展方向，同时也是企业发展的目标。企业可从各个渠道聘请社会行业专家、企业负责人等为兼职导师，为员工工作实行专业指导，激活员工信心，逐渐形成适合自己企业发展的导师资源库。

5.加强信息化建设的准备工作

信息技术因其传播应用快、渗透性强、技术进步快、规模效用强的特性，深入人们的日常工作和生活中，为人们带来了极大的便利。这种便利不仅体现在人们生活中，而且对企业的发展也产生了深远的影响，这就需要企业立足自身根本，顺应信息化时代发展，对企业的发展战略进行改革。当前时代，信息技术发展迅速，企业应切实做好信息化建设的准备工作，为企业信息化发展战略打下坚实的基础，并将企业的信息化数据与社会企业市场信息化数据进行有效对接，从而实现各企业之间数据的有效、及时沟通，促进企业更快、更强地发展。首先，企业应通过各个渠道，招揽社会信息化技术建设人才，对企业内部信息化的建设进程进行专业指导和整理，使企业的整个经营理念、运营模式都能符合当前信息化时代的发展需要。其次，企业要对现有的生产资源进行有效整合，如机器生产替代人类、自动化技术替代传统技术等，促进企业朝着全球化、人性化方向发展。

6.构建战略管理模式

企业的长远发展离不开企业战略管理模式的构建，因此企业要变强变大，应该从长远考虑问题，制定相应的发展战略。企业的发展战略是顺应市场发展需要而制定的，更是企业在竞争如此激烈的市场环境下，对自身发展的改革和创新。在信息化飞速发展的时代，有一个顺应时代发展、能够不断满足消费者需求的战略管理模式，才能保证企业稳定长远地发展。改革开放以来，大量企业涌进市场，导致市场供大于求，消费者需求日新月异。若企业不能及时生产出能够满足人民生活需求的产品，必定会被市场淘汰。现阶段，产品更新迭代加快，生命周期大幅缩短，企业之间的优势差距也越来越小，为了促进企业的发展，企业还可通过与合作伙伴构建战略联盟的方式提升自身实力，实现企业之间优势互补、共担风险，借此来促进纵深长远的发展。

7.完善招聘制度，任人唯贤，以德为先

做人做事，做人是第一位的。现在企业中用人也秉承着一个原则："德才兼备，以德为先。"人品是做人的底线，也是企业员工最基本的工作原则。把一个品行不良的员工安排到重要的管理部门将会对企业管理队伍的建设造成不堪设想的后果。企业高层管理应完善招聘制度，任人唯贤，以德为先。在德才兼备的基础上，先聘用有良好德行的人才。毕竟企业信息化建设工作是一个专业性很强的工作，专业性越强就越需要德行优良的员工来参与。企业应不定期地为员工组织职业道德教育，通过对员工道德、品质、操守等方面的教育，来提升员工的整体职业道德，增强爱岗敬业精神，做到面对诱惑时要依法办事。企业员工在工作中要坚持准则，不能为他人的势力、职位所左右。只有做到这一点才能在后续的工作中游刃有余，为后期的生产、管理等工作打好基础。

第三章　组织管理策略

第一节　组织与企业组织

组织是指为实现既定目标，通过人与人、人与物及信息的有机结合所形成的社会系统。而企业组织是为有效地向社会提供产品和服务，将企业的各种资源按照一定形式结合起来的社会系统。对组织理论的发展历程及企业组织形式的介绍，能够使读者从整体上把握组织管理的主要思想。

一、组织

（一）组织的定义

每一个人都离不开组织，比如，人一出生就是一个家庭组织的成员；长大上学后，是班级、学校的一员；成年参加工作后，又成为工作单位的一员。同时，他还是某一民族的成员，或某一社团组织的成员，等等。一个人同时还可以是若干个组织的成员。这充分说明，组织是人们生活的普遍形式和存在方式。工厂、超市、银行、医院、学校、法院、剧团等不同类型、不同工作范畴的机构都是组织。那么如何定义组织呢？对此可谓众说纷纭，具有代表性的有以下四种定义。

（1）组织是对完成特定使命的人们的系统性安排。（斯蒂芬·罗宾斯）

（2）组织是为了达到某一特定的共同目标，通过各部门劳动和职务的分工合作与不同等级的权力和责任的制度化，有计划地协调一群人的活动。（薛恩）

（3）组织是一个相互影响、相互依赖，为了达成某一共同目标而形成的工作群体的集合。（杰克·邓肯）

（4）组织是对完成特定使命的人的特殊安排。（张德）

（二）组织的特点

从不同角度的组织定义来看，所有的组织都具有如下共同特点。

1.目标

每一个组织，无论其规模大小，存在的形态方式如何，都有明确的目标。如企业要实现利润最大化；医院要救死扶伤，提供最优质的医疗服务；学校要培养人才。组织的使命和目标是组织存在的理由，组织的目标就是引导组织成员运用组织所拥有的各种资源，完成组织的使命和任务。

2.资源

组织要实现自己的目标，必须拥有相应的资源。如企业拥有机器、设备、土地、人才、资金、品牌、技术等各种资源；玻璃生产企业必须利用石英砂等原材料生产人们所需要的各种玻璃。

3.结构

组织需要科学地划分部门和层级，需要明确各部门和层级的责任、权利与义务，需要根据每个成员的才能安排工作、分配职务，并落实每个职务的责、权、利。组织还需要建立有效的沟通、协商机制。只有分工清晰、协作通畅，组织才能正常运作。组织不仅是权责分配系统，而且是其各成员根据自身在组织中的特定地位，扮演一定的角色，并由此构成等级体系的人际关系网。

4.环境

组织是一个开放的系统。任何组织的生存和发展都离不开环境、离不开其他组织，都需要与环境进行物质、能量、信息的交换，封闭的组织是不存在的。

从静态观点来分析，组织就是指社会集团，是人与人、人与事的关系的系统或模式。从动态观点来分析，组织则是一个开放的社会系统。

（三）组织的目的

组织的目的主要包括以下几点：将需要完成的工作划分给具体的工作岗位和部门；将工作与责任分配给相关的各个工作岗位；协调多种多样的工作任务；组合各项工作以形成工作部门；建立个体、群体和部门之间的联系；建立正式的指挥链；分配组织资源。

二、组织理论发展

组织理论是随着时间推进不断形成与发展的。最早的组织理论可追溯到古罗马以前的时代，近代的组织理论则是工业革命早期在经验管理的基础上发展起来的，其演变过程大致可分为三个阶段。

（一）早期组织理论

早期组织理论存在于14世纪末到20世纪初，是一种组织结构学的理论，侧重于对组织的静态研究。泰勒在其《科学管理原理》一书中就有关于企业组织结构的论述：为提高工作效率，应该采用职能组织以明确职能。随后，法约尔提出了著名的管理五大职能，其中一个是组织职能。之后，韦伯系统地提出严格按照行政手段办事的组织体系和组织形式，并创立行政组织理论。韦伯认为，为实现组织目标，需要把组织的全部活动划分为各种基本作业，并分配给组织中的每个成员。

（二）组织行为理论

组织行为理论产生于20世纪初期，它是一种以建立良好人际关系为目标的组织行为学理论，侧重于对组织的动态研究。随着生产的发展、技术的进步、工人文化水平的提高，在组织管理中只重视物的因素而忽视人的因素的缺陷越来越明显。西蒙认为早期的组织理论过于强调权力的作用，而要使组织有活力，关键在于对工人的说服力而不在于权力。阿吉里斯批评了泰勒和其他传统管理学派有关组织的观点，认为正是组织的基本性质使个人保持在“不成熟”阶段并妨碍自我实现。巴纳德认为，工人首先是社会成员，然后才是组织的参与者。他们是完整的人，而非工具。

（三）现代组织理论

现代组织理论形成于20世纪中期，侧重于对组织与外部环境平衡的研究。德鲁克认为组织不是孤立地存在于一个别无他物的环境当中，也应该强调组织目标和个人目标的融合，并通过组织成员的相互作用，共同建立一种和谐的、具有正激励作用的关系。而1966年凯茨和卡恩在《组织的社会心理学》一书中明确提出组织是一个投入产出系统，是一个与环境相互作用、相互影响的开放系统。1974年卡斯特和罗森茨韦克进一步指出，开放系统与环境连续相互作用，并且在系统仍然保持工作能力或能量转换的同时，达到稳定状态或动态平衡。

三、企业的组织形式

企业的组织形式是指企业生产经营的形态和运作方式。随着市场经济的深入发展，组织的存在形态和运作方式发生了很大的变化，组织形式多种多样。

（一）企业的法律形式

按照财产的组织形式和所承担的法律责任不同，企业的法律形式主要包括个人独资企业、合伙企业、公司制企业。个人独资企业是由业主个人出资兴办，由业主直接经营的企业。合伙企业是由两个以上当事人共同出资、合伙经营、共享企业所得，并对营业亏损共同承担完全责任的企业，是劳动者自愿、自助、自治的经济组织。公司制企业又叫股份制企业，是指由两个以上投资人（自然人或法人）依法出资组建，有独立法人财产，自主经营、自负盈亏的法人企业。

（二）企业的管理形式

德鲁克指出："任何企业都必须成为一个真正的协作体，把个人的努力凝合成共同的努力。企业中每一个成员的贡献可以有所不同，但是大家都必须为一个共同的目标努力。"管理者为实现组织目标，必须采用科学的管理形式，以形成一个职位顺序清晰、意见沟通渠道流畅的协调合作体系。按照人与事、人与人的相互关系的密切程度，企业的管理形式有多种：直线制、职能制、直线职能制、事业部制、矩阵制等。

（三）企业的经营形式

企业的经营形态及其运作方式实质上是企业在运作过程中主体与客体相结合的方式，也叫作经营形式。为适应市场经济体制，提高生产经营的运作效率，企业的经营形式大体呈现批发、零售、合作三大类若干具体形式。

第二节　互联网时代企业组织管理的创新

一、互联网的概念及特征

（一）互联网的概念

互联网（internet），又称国际网络，指的是网络与网络之间所串联成的庞大网络，这些网络以一组通用的协议相连，形成逻辑上的单一巨大国际网络。

互联网始于1969年美国的阿帕网。通常"internet"泛指互联网，而"Internet"则特指因特网。这种将计算机网络互相连接在一起的方法可称作"网络互联”，在这基础上发展出覆盖全世界的全球性互联网络称互联网，即互相连接一起的网络结构。互联网并不等同万维网，万维网只是一种基于超文本相互链接而成的全球性系统，且是互联网所能提供的服务之一。

（二）互联网的特征

互联网的特征如下。

（1）平等性。“去中心化”的网络结构设计，使网络时代人人平等。

（2）自由。自由是互联网本质属性，平等、民主都是自由衍生出来的。互联网的技术帮助我们在物理活动和思维思想上实现两方面的自由。

（3）开放性。遵循一定的网络协议，可以自由互联互通，是互联网的基础，它不仅突破了时空的限制，还打开了我们思维的空间。任何人在任何地点，都可以展开话题，来一场“头脑风暴”，形成新的知识库。

（4）交互性。信息交流通过网络平台双向地、平等地进行沟通。

（5）协作性。协作既是合作又是竞争，是一种双赢的发展模式。

（6）全球性。网络的无边界性打破了时空的限定，网络的全球化推动了生活和生产的全球化。

（7）全时性。信息资源24小时无限定地进行传播。这些特征直接或间接地影响企业组织结构、设计、运行的模式。

（8）共享。共享是互联网发展的原动力。互联网的性质和精神深刻地影响着人们的生活与企业的运行管理。

二、企业组织管理创新的概念及内涵

企业组织管理包括设置管理机构、制定规章制度、调配人员岗位等工作。企业组织通过配置组织内部资源的手段，按照组织内部规则和程序，安排人事变动，责权落实分明，达到提高组织效率，实现组织目标的目的。组织管理涵盖组织设计、运作、调整三个方面。传统组织管理理论盛行于20世纪西方社会发展的现代阶段，这时出现了许多崭新的内容和特点。

（1）两次科技革命特别是电力和计算机的发明与应用，极大地推动了生产力的发展，深刻地改变了社会生活的基本面貌。

（2）资本主义经济关系、市场体制及阶级关系在矛盾运动中不断调整，产权制度、市场规则和秩序的建立、宏观调控、中产阶级成为中坚力量。

（3）科学理性精神的空前拓展活跃了人类的实践活动，人类的价值观经历了迷茫摇摆和再确认的历史过程。

（4）随着全球市场的形成，民族的经济文化生活越来越成为一个整体，文化出现冲突、碰撞。

组织的特点首先表现出组织是用来实现目标的；其次，组织必须通过分工来形成自己的力量，然后再去完成功能；再次，组织很大程度上是为了解决稳定性问题，组织带来的稳定性有利于绩效的获得；最后，组织的局限性在于面对不稳定和变化的时候很被动。组织管理创新，包含组织变革、调整、重组三个阶段，目的是优化组织管理能力。组织管理创新可以在新理念、新方法、新模式的指导下，从目标、结构、职能、流程、运行五个方面切入创新。

创新具有很强的实践性，它是在变化中不断积累的过程，是实现企业组织经济理想、社会理想、价值理想的媒介与手段。组织管理创新有如下五点内涵。

（1）组织管理创新是从客观到主观、从无意识到自觉的过程。企业组织目标与战略要适应时代变化和市场竞争的需求，在互联网时代人类对知识领域的未知比已知要多得多，要自觉创新、主动出击去引导组织结构变革和个体、群体行为价值。

（2）用户的需求是企业组织管理创新的一个制约因素，因为互联网时代用户的需求是动态变化的。组织管理创新就是通过改变产品和服务，满足用户的不同经济和价值需求。

（3）组织管理创新是改变资源的产出，合理配置资源、节省成本、优化结构、提高效率。

（4）组织管理创新的本质是概念创新，以绩效引导、价值引导实现企业组织环境和谐。和谐要素是公平、效率、活力和动态平衡。

（5）企业的组织管理创新是“价值伦理—社会责任”的过程，组织的管理者要将社会需求转化为企业可持续发展的机会。

三、互联网时代组织管理创新的路径选择

（一）观念创新

1.决策者因时而变的组织管理创新理念

对组织管理的研究是永无止境的，由于组织研究会导致对组织部门和职能重新进行组织，每一种组织，不论是政府部门、军队、研究单位、大学管理部

门，还是医院，再加上无数的企业，似乎都在永无休止地主动重组或被动重组。传统的组织结构或刚形成的组织结构已经不能再适应企业的需要，无论大型企业还是小型企业，都需要正确的组织结构，但比较起来，小型企业要做到这点更加困难。网络经济的出现让企业管理产生了巨大的改变。在互联网和经济紧密结合之后，计算机网络的功能在经济利益的驱动下不断扩展，在越来越多的领域得到了广泛应用。网络经济的快速发展和它所带来的深远影响，给企业管理理念的创新注入了活力。计算机技术在不断的发展和更新中，逐渐达到互联网商业化阶段以后，对经济环境的改变也起到了一定的推动作用，这也在无形中为新理论的诞生创造了条件。此外，先进的网络技术也为企业管理水平的提高准备了有力的“武器”。深入了解企业管理领域可以发现，在网络经济带动下，企业管理正在进行一场前所未有的变革。首当其冲，它要求企业的内部，无论是管理理念，还是组织模式及企业之间的关系，都在发生着深刻的改变。企业内部管理变得更加复杂多变，管理者要有极快的反应速度，才能应对市场需求和竞争形势的快速变化。要想协调企业内部和外部，就要有先进的管理理念和管理技术，用现代化信息技术提高企业管理效率。因此，企业管理在顺应互联网发展要求的前提下，在企业内部大力宣传创新理念，转变管理思想，通过网络吸收容纳新的管理信息，提高企业内部对企业管理创新的思想认识，使管理创新有一个正确而全面的认知基础。

组织变革创新应该突破组织变革的难点。组织进行变革创新，企业要为变革做好投入储备的习惯。如果没有投入储备，变革就会影响到当前和造成波动，为企业带来风险。组织变革创新意味着淘汰落后，增添新的东西，作为管理者需要具备极强的心理承受能力，要让企业内部所有员工相信这种调整是必需的。这是组织变革创新中的又一大难点。在组织转型和变革中，必然打破原来固有的利益群体。企业和组织一定要有利益补偿机制。所以组织变革创新应该在企业经营状况良好的情况下进行。企业组织变革创新或许成功或许失败，在互联网时代应该鼓励这种变革创新的探索。

2.管理者关注回归人性的人本管理理念

作为对组织管理变革的回应必然是组织管理创新。组织管理本身就是围绕组织目标来进行的，是一个动态的协调过程。创新是一种常态，我们要改变主观心态行为方式，以积极的心态和行为方式迎接创新的挑战；以互联网时代人的主体性解放为契机，坚持外部导向，打开内部外的边际；不断完善组织管理的方式，扁平化组织、网络化组织、虚拟化组织和自组织等都是适应人性管理的组织管理发展趋势。

首先，现代组织管理强调协同创新，协同既有合作，又有竞争，合作和竞争都能推动组织的有序化。宏观的合作与竞争，主要是在环境层面组织管理的合作与竞争上；微观的合作与竞争，主要是集体运动模式的合作与竞争。但所有的系统中，最重要的要素就是人，强调和注重个体的精神世界协调与发展。

其次，组织机构是组织的框架，是一个不断变化、有学习能力的有机体。互联网时代发展使传统组织机构日显僵化，组织管理中的柔性管理机制即灵活性的管理机制应运而生。人性管理使管理越来越简单，结构层次越来越少。管理系统变成开放的系统，管理的主客体与周围的环境逐步适应，不断完善运行机制，进行有效的能量与信息的交换，优化管理的结构层次，维护组织在本系统中的优势战略地位。

最后，组织管理的决策者应是一种卓越的、有创造力的学习型领导者。领导者肩负着对组织中的个体、群体进行激励的责任，在互联网时代个体得到最大限度的解放和发展，为了激发个体、群体的工作热情和创造力，需要建立一个以人的全面发展为目的的激励体系。但在人性化管理组织中，个体不能随心所欲，人性解放和发展的目标是使个体向着组织发展需要的方向进行，要达到人性各构成要素和结构形式的综合平衡发展。

3.员工寻求客户导向和问题导向的服务理念

互联网时代使信息生产和传播的方式发生了变化。信息的产生多元化，每个个体都可以生产消息；传播的方式多向化，多点对多点传播。在“互联网+”时代，人取代信息成为互联网的核心，那么互联网思维的核心就是用户思维，用户思维已经渗透企业组织的市场定位、产品研发、售前售后、组织设计等各个环节。互联网消除了信息不对称，使消费者掌握了更多的产品、价格、品牌方面的信息。万物的直接、实时连接，使信息反馈与用户参与的成本持续降低，碎片化时间也带来了参与时长的增加，二者累积效应使消费者权利真正发挥威力，证实了从工业时代到互联网时代，用户一直是所有经济活动的原点。互联网时代的企业组织管理的新内涵是，个体跟组织之间其实是一个共生的关系，商业环境变得更加丰富多彩。组织管理中信息和交流变成了主要的工作。组织要保持一种个体、群体与组织的互动沟通、互相连接的状态，因为每个个体都会重视它的独立性、自主性、价值观以及自身在组织中的价值体现。个体员工与用户“零距离”接触，被赋予的权利越来越大，那么怎么使这样多元的、独立的个体肩负起相对应的责任呢？个体的天性中有一种自由的因素，当责任与自由融合时，个体就成为一个自主的个体。在互联网时代的属性和特征下，自主的个体的大量涌现，有助于整个商业环境变得丰富多彩。另外，组织目标的实现要借助于个体能力的解放。个体通常要依赖于组织，完全服从于组织的意图和目标。当互联网解放个体能力的时候，组织反而要依赖个体。

因此，在互联网时代组织管理有了三个方面的新属性。

（1）平台属性。打造组织的平台属性要求信息共享和责任固化。责任固化是指组织无边界，管理无层级，员工自主经营。平台的任务就是责任固化，有了约束，个体有了明确目标，就可以发挥自身的作用。

（2）开放性。个体释放能力、获取组织的价值存在是依靠互联网解放的组织开放性。

（3）协同性。组织管理的流程重组和目标承诺是企业管理者重要的两个能力。在让员工感到组织的关怀、提升员工的幸福指数上，组织管理可以做到两点：一是组织要给员工资源支持，在员工创业的困难时期给予相应的帮助；二是培育员工的主人翁意识，当员工发现自己在组织里能够成为一个主人时，幸福指数会急速增长。

4.在继承传统与创新发展之间达至平衡

通过组织管理创新，企业组织主体优化了商业环境，变革了企业商业秩序，提高了企业效率，有助于理想化的商业时代发展。

互联网时代带来的首先是技术互联。技术的进步带来了无人驾驶汽车、3D打印、人工智能等，将人类带入互联网时代，使产品成为信息和数据的载体，技术成为重要的手段，因此组织管理创新还应聚焦在竞争的本质上。

（1）组织结构重塑。在互联网时代，组织中的个体可以不断合作和创造、分享和再分配，实现组织管理，这一观念改变了组织管理创新的发展路径。个体在网上的行踪和评价即网络声誉成为一种社交货币，决定着人们将来获得服务和提供服务的资本和能力。这种组织架构能够帮助人们走向可持续发展的未来。

（2）重塑领导力。随着组织形态日益网络化，领导力也应跟着时代的发展而进行重塑。在《蓝海领导力》一书中，将领导力重新定义为一种服务，组织内的员工可以选择买或不买，可以通过蓝海战略中将非客户转化为客户的概念和方法，帮助领导者将低效率的员工转化为绩优员工。

领导力是一种主观能力。互联网时代的企业正走向自组织的形式，走向自我领导的方向。组织是一个封闭的系统，和外界系统没有连通，而互联网时代没有边界，组织是开放的，所以不如变成一个个创业团队，整合各种资源。

（二）制度创新

1.建立信息反馈循环和自适应机制

传统组织管理的核心价值是信息非对称性。通过层层管理，命令上传下达，决策层、管理层、员工随着层级变低信息量越来越少及越来越单一。互联网出现之后，打破了信息的这种不对称，重新建立了信任体系和规则。

监控变化，鼓励多样化、实验、创新和快速迭代。系统的异质性提供了多样化选择，而反馈循环则保证这些选择能改善系统的健康程度。反馈是指系统察觉环境变化，并通过这些变化获得理想特性的机制。系统内低级别参与者的固定结构被打破，有时反而会改善整个系统的鲁棒性，解释了系统最低级别参与者进行选择的必要性。系统必须破坏低级别参与者之间的平衡，才能保证整个系统的健康。在企业中，通过组织管理，多样化、选择和创新的传承只有在有利的环境下才能发生，组织的管理者必须建立起能鼓励这一创新迭代过程的机制和环境。在互联网时代多变的环境下，组织必须建立这样的自适应能力。

2.在组织生态圈中形成信任和互惠机制

组织是人的联合体，又是实现目标的手段。把通过满足人的各种需要来激发人的积极性，从而提高组织活动的效率，作为组织工作的中心任务；把如何高效率地实现组织目标作为组织工作的中心任务。两者都是合乎逻辑的，即关心人和关心工作，但两者谁才是组织工作的中心任务呢?

传统的组织理论是以工作为中心，认为组织管理的主要任务就是通过观察和实验研究，制定出标准的操作方法，对人员进行训练；制定出最合理的工作定额，用物质刺激手段促使人们完成定额；依靠严格的、详尽的规章制度，保障各种工作有秩序地进行。从20世纪初的组织理论到行为科学学派的组织理论，是随着工人教育水平、生活水平、技术水平的提高和工会制度的保障发展起来的。其主张以人为中心，人并不是单纯追求金钱的经纪人，而是有着各种复杂的社会和心理需求的社会人。行为科学学派的理论否定了传统组织理论中忽视人的倾向，但也否定了它所包含的合理因素，如组织目标、工作方法及监督和控制的作用。

以管理方格理论为代表的现代管理理论提出：最好的组织方式是，把对生产的高度关心，同对人的极大关心结合起来。重视目标，力求全员参与，承担义务，解决矛盾。例如，在传统制造业的互联网转型过程中，应在保障老员工的利益、岗位的合理性转移、二次培训的再上岗等方面，把关心人和关心工作真正地结合起来。

企业的行为要有利于系统中的其他参与者，建立互惠的机制。组织中独立个体的利益往往相互冲突，当所有个体自私地追求自身利益时，系统整体就会被削弱，所有参与者都会遭受损失。这就是所谓的集体行为悖论，个体缺乏动力作出有利于整体的行为，除非这些行为能立即为个体带来益处。因此，组织只有建立起信任和互惠的机制才能克服这种悖论。企业领导者应思考他们的企业如何为生态系统中的其他利益相关方作出贡献。在追求自身利益最大化时，他们的企业也必须保证为整个系统提供价值。

3.创造公开透明、信息共享的组织制度

在组织内部，管理者力图让员工更愿意分享观点和交流问题，往往适得其反。这是因为管理者没有排除两大障碍：惧怕畅所欲言可能产生的后果以及感觉说了也无用。组织中的个体如果保持沉默，错误和决策失误会持续增多，而明智的建议则难有出头之日。打造畅所欲言氛围的方式有很多。互联网提供了切实有效的平台和工具，使管理者在征集反馈意见和不同的声音时，可以在保护组织个体的前提下，向所有组织个体点对点地说明你所想听到的内容，最后弱化权力信号，去展示流程。依靠互联网，可以让组织与个体之间的反馈变得频繁且轻松，使反馈在现实世界的面对面谈话和虚拟网络中的即时交流，形成定期的制度和议程，提前告知会议的对话内容和讨论问题的类别和可能性，使组织中的个体对公平制度产生感性认识。

（1）保持透明。透明的反馈流程能够减少焦虑和促进参与。网络带来的信息化透明程度越来越高，企业内部的BBS论坛等网络平台，使企业组织的各方面消息没有秘密和快速传播。

（2）走近员工。信息技术和移动互联技术打破了组织内个体交流的空间限制，在实践过程中个人和组织可以即时无障碍交流，管理者主动接近下属寻求建议，使员工献策的积极性提高，新加入的员工可以在第一时间帮助决策者、了解其他组织如何运营，而且能以全新的视角解读所在企业的优势和劣势，弱化权力信号。互联网的最大的特点是在网络中个体间的交流是平等的。组织中的个体在组织的虚拟网络中具有了主场优势，互联网时代的企业文化使员工真正感觉到了自己的主人翁意识和地盘存在感。

（3）以身作则。在企业社会实践中，管理者作为组织主体的引导者，其行动态度和所发布的任何消息，在网络中都受到组织中其他个体的监督和学习；对外也可以代表企业文化形象，接受社会群体的监督。所以，管理者的以身作则，可让员工认为你愿意努力，为他们代言，让他们对你和你上级面临的困难有了更宏观的认识，让他们可以随时掌握事情进展。

4.构建实证管理新模式

在互联网经济下，信息平台为用户和企业的交流和互动提供了技术支持和机制保障。企业组织管理借助信息渠道的网络化，在技术创新和产品更新上适应了用户需求差异化和多样化。明显地表现为产品生命周期缩短、速度快，客户需求个性化更普及。规模生产转向个性化定制的微量生产，导致了传统组织管理不适应高投入、高速度的企业发展需求。这迫使企业以市场需求为导向，关注学习先进技术，构建以“客户为中心”、以“结果为导向”，带有一定灵活性的企业运行实证管理新模式。

（三）方式创新

1.打造平台竞争新优势

互联网时代改变了传统市场模式，传统市场由于地域垄断、交易手段的限制，参与人数和影响辐射都有局限性。在互联网模式下，没有时空的限制，互联网应用平台借助信息流动的速度、深度和广度提升而发展。互联网平台集聚了大型企业组织、个体创业者、海量用户（C2C、B2C、O2O等模式应运而生），充分积累了其现实价值和潜在价值。在互联网时代，平台竞争成为企业组织管理形态变化的制高点，互联网企业的竞争经历了从产品竞争到产业链竞争再到平台竞争的过程。组织管理也从内部协调服务生产转向外部联合服务产业链合作，再到现在的维护生态商业系统。传统企业借助移动互联技术手段，依据行业特点，打造平台竞争优势，将组织间的协作转变成供应链协作、网络组织、虚拟企业等形式。

平台化运营是企业未来的重要方向，以接口化、平台化的思维提高组织管理创新的效率，建立生态系统的外部延伸，才能在竞争中占据先机。在移动互联网时代，企业的互联网化完全依靠互联网技术已经落伍，只有将好的创新思维和服务心态融入平台中，与合作伙伴开放共享资源，才能实现共赢的局面。以百度语音识别技术为例，对于普通开发者来说其就是一个无法逾越的技术壁垒，但是百度把语音生态系统做成一个平台，无条件免费与其他开发者开放共享，海量开发者和用户接入使用后，极大地提高和挖掘了这一高新技术的现实价值和潜在价值，促使百度语音识别技术这一应用平台不断完善。众人拾柴火焰高，依靠平台吸引小微创客，将小平台做成大平台，将小系统做成大的生物圈，无疑是“平台”要素在互联网环境下的爆发。无论“大象”还是“蚂蚁”都可以在平台上互动共赢。

2.实施组织架构的扁平化和矩阵化

在传统企业的组织框架中，一般采用官僚式的分层管理模式。在此基础上，职能式组织结构、事业部式组织结构及矩阵式组织结构都是沿用至今的经典组织结构。但是这些组织结构在互联网时代遭遇到挑战。外界环境发展太快，现场管理和临机决断的事宜太多，所以必须缩短决策半径，采用扁平化的组织结构。

在原有的体系内，用原来的人、原来的组织形式做一件不同的事，成功率很低，基本要靠组织创新。互联网企业的组织架构应当灵活，不能过多层级化和固化，要以用户为中心，以市场为导向，整合资源加快速度推动产品创新和完善用户服务。组织内部必须强调互联网思维的开放、协作、分享特征，所以互联网思维指导的企业，其形态一定是扁平化的。正如小米公司，它的扁平化是基于公司相信优秀的人本身有很强的驱动力和自我管理能力。它的组织架构有三级：核心创始人—部门领导—员工。其全部是根据业务流程需要，组建若干虚拟团队和项目团队，可以多项目团队同时进行。一层产品、一层营销、一层硬件、一层电商，每层有一名创始人扮演着协调者、评估者的角色，执行效率很高。在公司只有核心创始人有职位，其他所有人都是工程师，没有晋升，只有奖励，项目化团队效率很高。项目结束后，虚拟团队自动解散，所有参与者自动进入下一个节点。

3.实现组织内部的整合与融通

在现代化的企业环境中，协作无处不在。随着企业运行日益全球化，公司内跨职能合作开始增多，孤岛逐渐分解，彼此间的合作和联系加强。团队协作似乎已成为机构成功的关键所在。对协作的要求太旺盛或者协作在组织内部分布不均，会导致组织管理遇到“瓶颈”。管理者必须学会把握供需关系，减少或重新分配每个员工的工作量，激励员工有效地协作，更合理地管理协作。

个体可以协助他人、创造价值的协作资源分为三类：信息资源、社交资源和个人资源。信息资源包括知识和技能，指可以记录传承的专业知识。社交资源是员工知道或者能够接触到的社交网络，在网络中有一定的地位，有利于同事们的合作。个人资源是个人的时间和精力。信息资源和社交资源可通过一次性交换完成分享，不消耗协作者的精力。个人资源却相反，它是有限的。所以，个人资源的短板影响着组织管理中整体资源的使用效率。管理者可以通过重新分配并优化协作责任和奖励高效的协作行为两种方式来解决问题。

管理者应该根据组织内的供需情况，提高组织协作效率。鼓励员工改变行为，合理安排和学会过滤协作任务中超负荷的员工。尤其是在互联网时代，公司的企业文化应该鼓励员工独立作出决定，这样可以极大减少因评估和审核申请浪费的时间。

互联网的技术和物理空间，让信息资源和社交资源变得更容易获取，更方便传播。组织中的个体利用互联网的工具、软件和平台协助组织可作出更明智的决定。企业组织可以为协作需求制造一个缓冲空间，将决策权交给一线人员，同时减少个人工作量，快速地对组织内成员的角色进行轮换，释放个人资源。

协作可以解决很多今天最迫切的商业挑战，管理者必须对适当的协作类工作予以认可和鼓励，并高效地分配此类工作，否则团队和顶尖人才会出现负担过重、缺乏支持的负面影响。组织内必须有一位专门负责协作、重视团队的科学管理的管理者，这在一定程度上可以避免部分相加小于整体的情况。

4.拓展组织外部的跨界与融合

在互联网时代，企业中的组织面对用户，面对同一目标，能将资源和职能平台打造成统一平台框架，实现全流程融入。传统的科层制组织结构相信集权的整体性竞争优势，宏观调配资本，出现了很多跨国公司和垄断寡头。互联网的扁平化、平台化组织结构更相信平等、资源共享、资产互补、实现双赢的生态型竞争，所以平台上的企业组织总是互相协作、团结一切可利用的资源，不断形成动态的联盟性组织进行竞争。这样才可以实现跨界整合。互联网时代的竞争将是用户选择权的竞争，企业组织将成为资源和用户之间的双向交互平台。自主经营体解决了谁负责的问题，组织中的责任节点得到确立。自主经营体具备了自主意识，自主性得到增强。

海尔全球化实践分析的启示是：构建互联平台，实现资源共享。海尔转型的关键点有两个：一是战略，从传统以公司为中心变为开放式的以用户为中心；二是组织结构，推翻传统的金字塔形的管理结构，将中层管理者转化并入小微。海尔的人单合一的全新管理模式，拉开了海尔互联网转型的序幕，由传统制造业企业全面向互联网模式转型。为实现互联网的“零距离”、去中心化和分布式，海尔反传统的金字塔形管理结构，将1万名中层管理者裁撤或转化进入小微。所谓小微是自组织形式的创业单位，每个员工直接面向市场，寻找潜在的用户，海尔则为小微提供相应的资金及平台支持。

5.适应互联网的迭代发展

快速迭代是指一种快速反应意识，借助信息的全时性，实时关注用户需求和变化。边开枪、边瞄准，在不断修正中做到精益求精，即使不成功，也要做到快速失败，降低失败成本，及时收集错误，及时改进。在互联网时代能够驱动企业组织创新的方法论有以下四点。

（1）原动力：“自以为非”的文化基因。

（2）中性思维：扩展创新空间。

（3）行动方法：开放快速迭代。

（4）创新艺术，动态组合之道。

首先，企业必须在组织上下找到正确的信号。一线员工往往拥有非常有价值的信息，企业管理者要经常到生产现场来获取新鲜和丰富的信息。通过与一线员工直接互动，管理者就能发现只有在基层才能看到的挑战和创新举措。其次，组织将这些信号转化为行动。组织要培养双元性能力，即一面进行有效运行、一面进行自我创新的能力，它需要有效地反馈循环，这对企业在变化的环境中保持强健至关重要。

在这个新的、易变的互联网时代，传统企业和组织如何面对创新速度有以下三点思考。

（1）从组织的特点出发，必须明确目标。这是实现组织的功能和安排组织结构的要求。传统企业的最基本目标是提供产品、成本和质量，它需要稳定地组织合理的流程。互联网时代的企业目标是不断地进行创新迭代和变异，它需要的是一个动态的组织。

（2）很多互联网创新企业，为了实现效率和成本控制，摒弃了庞大的组织结构，压缩了管理层级，将组织单元划小，并且贴近市场。为了体现产品的高效性，企业的组织经营单元划分很小，像阿里巴巴会有28个事业单元，腾讯是项目制，传统企业海尔是人单合一，网状结构变革。

（3）在互联网时代，同用户“零距离”的接触是对企业组织管理创新的挑战，“零距离”意味着无缝隙、自然、全方位地围绕用户服务，对组织的灵活性、专业性、开放性要求很高。在新商业环境下，企业组织要变成资源和用户之间的双向交互平台，释放平台的同边和跨边网络价值，否则企业组织将失去存在的价值。

6.发挥非正式组织在管理创新中的作用

非正式组织是在正式组织中组织成员之间自发产生的，它建立在组织成员之间感情和心理方面的联系的基础上。它的特点是：结构不确定，目的、计划不明确，职责分工不落实，组织有使其成员服从的力量。

在互联网时代，企业出现的员工感情问题和企业归属感问题都需要非正式组织来解决。互联网时代崇尚人的个性多样性，在移动终端和网络的帮助下，组织成员的思想观点、业余爱好、生活趣味甚至共同的经历等方面一致或接近，会使人们在情感上亲近。

个体有归属感的需求，希望在组织中相互关心、支持，思想感情能够有共鸣，使心理上得到安定感。人们对非正式组织的道义感，其内部成员间的感情和友谊，能使人们在实现组织目标的过程中自愿保持密切的合作。

企业还可通过非正式组织，加速信息的流通，应对外部和内部重要事情的反应迟缓问题，从而提高组织的灵活性。非政治组织成员间的感情联系，能够鼓舞组织的士气，提高组织的工作效率。

在互联网时代，非正式组织能够帮助实现正式组织的目标。

（1）两种组织形式的成员构成是一致的，所以根本利益也是一致的。这就要求领导能够正确处理人际关系，善于倾听组织成员的意见，公平待人。

（2）应当注意提拔和使用非正式组织的领导者，非正式组织的领导者是自然形成的，他们对其组织成员的思想和行为产生很大的影响。

（3）通过任务管理、项目管理和各种形式的承包责任制，实行自由组合，使正式组织与非正式组织尽可能地直接统一。

（4）非正式组织成为企业组织目标实现的障碍时，可以立即削弱、限制非正式组织。

（四）文化创新

1.打破思维惯性构建互联共享的文化基因

传统企业互联网转型必然是一把手工程。企业管理者不能认识到互联网的价值，组织转型成功的概率几乎为零。企业组织管理发展受环境因素的影响颇深，组织管理方式从内部控制转向外部适应，主要是为了在高科技发展中求得生存，在激烈的市场竞争中争得一席之地。因此，充分利用好互联网技术和思维来创新企业组织管理的价值导向，打破传统思维方式，重新整合企业组织之间、组织与环境之间的社会责任关系。互联网应用遍布全球，管理文化从同质交流进入与异质共存，管理对象从现实世界进入虚拟世界，管理内容从生产要素转变为知识要素等，无疑都对企业组织管理提出了更高的要求。由此可见，企业经营者必须摒弃传统的保守思想，不能循规蹈矩，更不能故步自封，要做到在变革中求生存，在创新中求发展。

激活组织文化基因是组织管理的一项新能力。"互联网+"时代推动企业组织变革的关键因素不是资金和技术，而是文化和价值观的塑造。在激活组织文化基因当中，应该抱有一种敢于创新的态度，让组织内部的个体和组织的伙伴看到创新和变革给企业带来的愿景和效益。组织管理形成强大的文化共识，能够容忍分歧和失败，将组织中"不同的声音"当作一种"建设性"的冲突。没有冲突的文化氛围和组织管理环境，就没有创新的动力和变革的活力，从而导致企业组织没有时代的文化精神。企业组织的文化原动力是一种"自以为非"的文化思维。组织管理变革和创新是一件漫长而艰难的事情，克服组织惯性，打破组织僵化，需要组织文化因素的强力支撑。组织文化带有强烈的时代性特征，组织文化基因在不同时代表现出来的价值观和效力不同，互联网时代组织文化基因就是组织管理变革的基础要素，是组织管理创新的关键因素。没有成功的企业只有时代的企业，企业要时刻保持危机意识和变革意识，才能探索企业发展的路径。组织管理创新的过程实质上是组织文化基因学习时代性特征的过程，这也是"互联网+"

能够融合传统企业的决定因素。组织文化基因学习互联、共享、平等、自由的互联网新知识、新技术、新思维，促使企业组织管理的主体发生文化自觉，主动靠近用户，创造新价值。所以组织管理创新是组织管理知识的创新，是组织文化时代性价值的创新。

企业组织管理形成互联网时代的文化共识和范式：以共享价值为基础；以个体价值创造为核心；组织要拥有开放属性；打造价值共享平台。领导者要通过激发个体内在价值来激活组织，而不是用组织价值来激活组织。在互联网时代，企业组织管理文化形成的前提就是要有一个好的组织平台，凝聚组织内个体的价值，激励每个个体创造价值，形成共同的组织目标，对组织作出贡献。

2.营造高情商组织情感文化氛围

为构建理想的组织管理环境，企业通常从理性出发，着重考虑目标，共享价值之类宏大的概念，领导者还必须照顾到员工的情感，把握好组织的情感文化；防止团队协作泛滥，管理好合作的质和量，防范工作流程“瓶颈”和员工的疲惫感。管理者可以构建新的组织情感文化。

在情感文化中，人与人之间的互相关心是一种正常需求。在组织内，管理者越来越多地关注员工的思考和行为方式，组织同样具有情感的脉搏，如何激励团队并实现目标，也成为组织管理创新的一个方向。员工在工作中所持的感受以及他们没有表露的感受，都会给个人和组织管理带来问题。不论好坏，情感都影响到员工的忠诚度、创造力、决策力、工作质量和继续为公司效力的意愿。只要研究透彻现有情感文化，用多种方式影响它，清晰传达情感，引导员工自然表达出情感，并利用情绪感染和深层动作的力量创建理想中的情感，就会帮助组织壮大。

企业文化通常是指认知文化，即在理智层面上共同的价值观、规范及指导组织发展壮大的设想。认知文化为员工在工作中思考和行动的方式奠定基调，决定组织内人们关注客户、重视团队创新和求胜心的程度。认知文化对组织成功很重要，但只是部分原因。组织的情感文化是情感层面上共同的价值观、规范及支配员工在工作中拥有、表达或是压抑情感的设想。两种文化的关键区别在于出发点不同：思考和感受。此外，传播方式不同：认知文化往往借助口头传播，情感文化通过诸如肢体语言和面部表情等非语言方式传播。大量实证研究表明，情感深刻影响到员工的工作表现、敬业度与创造力、组织忠诚度和决策方式。正面情感与较好的业绩和客户服务相关。管理者如果忽视情感文化，也就忽视了让员工和组织运转的关键因素。

不论是面部表情和肢体语言，还是善意的小动作，都能在构建友爱和同情心的情感方面发挥作用。企业管理者可以从最基本的快乐、爱、恐惧和悲伤这些基本的情感，着手管理情感文化。比如，快乐是提升员工对公司满意度和忠诚度的最强动力之一，而且维持员工敬业度更需要让员工快乐。快乐像生产力、创造力以及其他绩效要素一样，都是需要追踪的重要结果。在创建情感文化过程中，建立某个特定的情感需要让员工感受到组织和团队看重的情感，或者至少有相应的行为表现。可以通过控制既有情感，进一步明确要求员工传递某些特定情感。个人也会帮助组织维持其情感文化，会遵从群体情感表达的规范，为得到喜爱和接受而模仿他人，所以处在强势情感文化中的员工即使感受和表达不出主流情感，也能表露相应情感，虽然他们的初始动机是遵守规范。企业管理者能决定培养何种帮助组织壮大的情感，将这些情感模式化并奖励作出同样行为的员工，也是组织文化革新的新动力。

3.营造组织目标与个人目标和谐发展的生态环境

在互联网时代，信息技术和移动互联等新兴技术大力发展，各种实践活动越来越复杂，分工越来越细，各种事业也就越来越成为集体的、共同的事业，从一个产品、一个项目，到一个工程都是很难由一个人创造或制造出来的。每一个人的才能的发挥和发展都是以组织、社会提供的条件为基础。

个人目标与组织目标不仅相互联系、相互渗透，还相互排斥。组织目标是组织存在的价值体现，组织的功能之一就是控制和协调个人的活动来实现组织目标。

组织目标为组织中每个成员的活动规定了方向，但组织中的每个人都有自己的生活目标，每个人的目标具有很大的差别性。个人目标与组织目标相互联系、相互渗透表现在：个体参加组织是为了借助组织的力量实现自身的目的，所以组织目标的实现往往会使个人目标得到直接的或间接的、部分的或完全的实现。个人目标与组织目标相互排斥主要表现在四个方面。一是组织的任务不等于个人任务的总和。二是组织的利益不等于个人利益的总体相加。三是组织的需要和个人的志趣常常会发生矛盾。四是组织的规章、纪律限制了个人的自主和自由。解决这一矛盾的主要途径是扩大矛盾双方同一的方面，创造条件使之能够相互促进。

首先，组织管理中，吸纳个体要考虑个体的目标与组织现有目标的融合度，使个体的目标、利益尽可能在完成组织目标的过程中得到实现。互联网企业可以在几年之内迅速崛起，其原因是它们一开始就和互联网时代的个体属性相符。企业的组织运行基本是项目制，项目制的好处之一就是没有固定的组织，但是它有明确的时间截止点和明确的目标、角色。互联网时代的个体不喜欢锁定在一个组织里。个体会考虑组织如何认定个体在组织内的价值。组织考虑个体的目标主张，也是对个体贡献的肯定。

其次，个体的目标并不是固定不变的，通过引导和运用组织对个人的影响力，促使个体参照组织目标调整自己的目标。在个体目标与组织目标冲突时，必须限制和约束个体的目标。

最后，应该最大限度地让各个组织成员参与组织目标的制定。个体参与组织目标的制定，有利于个体主观上认同和积极完成组织目标，完备个体的责任意识。

第四章　企业绿色质量管理策略

第一节　绿色质量管理的内涵

一、绿色质量管理的定义和特征

现代绿色质量管理的内涵和传统理论相比有了新的延伸和发展，主要包括以下几个方面。

（一）绿色质量管理的定义

绿色质量管理是在传统全面质量理论和社会绿色需求的基础上，对社会公共职能和企业盈利职能进行综合考量，最终完成企业盈利与节能、环保、消费者需求等方面有效地结合。从广义的角度上来说，绿色质量管理的定义是指对产品设计、设备材料采购、全面生产，直至物流、回收和反馈进行全周期管理，以期达到政府规定的绿色质量标准。

本节中给出的绿色质量管理定义为：企业以绿色质量为整体的战略目标，将整体的生产管理和经营过程融入社会绿色环保的职能中，并由政府、企业、消费者三方共同参与产品生产、销售和售后服务的全周期质量管理过程，最终形成生命、资源、环境管理的生态循环圈。绿色质量管理的创新之处在于从产品的战略、设计、技术、采购、营销、物流等环节及再循环周期中，综合考虑资源合理的分配、选择和处理等工作，完成追求企业绿色效益和消费者绿色需求最大化的目标。总之，绿色质量管理更加注重企业生产的可持续性和生态和谐性，只有在各部门协同合作、共同发展的基础上，企业才会获得持续的竞争力和稳定的发展空间。

绿色质量环境和系统相互依存，因此所有系统内部结构、功能和特性的属性集合都将对质量本体产生影响。绿色质量概念在不同的时间段和国家，其定义也不同，大体经历了从单一绿色质量检验到复合绿色功能展开，最后到交互式的绿色信息沟通的过程。随着时代的变化和企业的转型，绿色质量管理的概念越来越复杂化、多元化和系统化，企业内外部多向沟通和协作将成为其发展的主要方向，而孤立和单一的产品绿色化概念将被淘汰。

（二）绿色质量管理体系的结构

质量管理的结构通常通过管理体系来展现，传统的质量管理体系是一个内部封闭的矩阵式结构，和外部并不相连，所有功能设置的原则都是为了完成企业的盈利目标，所以，原有的体系是一种孤立单一的结构。而现有的绿色质量管理体系已经超越企业的组织边界，成为一种多层次、多功能的交互式网络结构。绿色环保不再是某个生产和管理环节的附加元素，而是系统整体呈现的综合特征，所有的企业形成绿色互联网对外在环境和内在质量进行共同控制和优化，对各自的生产资源和信息进行共享，使原有的单一质量体系转化为和谐的生态管理系统。

绿色质量管理体系应该是一个指标展开的动态化过程。从纵向来看，指标选取应该满足政府、消费者或市场对绿色环保的需要，比如产品的无污染性和可回收性都是指标纵向化的标准；从横向来看，指标的选取应该符合现代制造系统模式，符合质量管理的基本原理和本质属性，比如绿色制造、绿色物流都是横向指标的范畴。因此，现代化的绿色指标应该既符合企业外部的适应性要求，又符合企业生产的内部机制，这样才能保证指标体系的可行性和有效性。

（三）绿色质量管理的特征

1.超越性

传统的质量追求的目标是客户的满意和企业的盈利，因此，质量管理涉及的范围是产品质量和功能要满足某类客户需求，同时还要尽可能节省成本保证企业的盈利。但绿色质量管理超越传统质量管理原有的范畴，考虑外在环境和资源问题，其涉及的范围是广义的、全面的企业生态系统。

2.动态性

质量管理理论的发展是一个动态性的过程，在不同的时期呈现不同的特征。早期质量管理的含义仅为保证产品的使用寿命，后来转变到开始追求产品的功能，接下来要求产品流程的标准化，最后形成全周期地对产品质量进行管控的全面质量管理理论。现代的绿色质量管理也处在动态的发展中，由原来的孤立绿色功能展开阶段，到全周期的功能融合阶段，最后到交互式的企业循环阶段，都是质量管理理论动态性的体现。

3.统一性

原有的环境质量管理仅仅是把绿色制造、清洁生产、绿色物流等方法结合在一起，并没有形成具有整体价值观念、理论基础和结构框架的管理体系。因此要推行绿色质量管理，必须通过绿色战略和企业文化把生产和管理的各环节整合起来，形成完整的体系，再把各种绿色功能展开到体系的各环节中去，最终实现企业绿色质量宏观控制和微观管理的统一。

4.持续性

绿色质量管理指标在设置的过程中需要采用更多的调节变量增加指标弹性。体系建立完毕，并不代表质量管理过程的结束，还需要根据实际情况，对指标模型和计算方法进行不断调整和改进。因此，绿色质量管理贯穿于企业整个的生命周期，需要企业负起终身责任。

二、绿色质量管理的流程

绿色质量管理主要是通过市场预测和用户需求来制订企业的目标和计划，把附加的绿色功能融入生产全周期中，通过检验来加强对不合格产品的控制，最后通过材料和废弃物的二次利用，完成管理循环过程。

绿色质量管理体系和传统体系流程的差异主要体现在需求计划、过程管理、质量监督和持续改进等环节的绿色化问题上。在建立绿色质量管理的流程的过程中，还需考虑流程建立的可行性，建立相关机制对流程的效用进行评价、反馈。

绿色质量管理的实现主要进行以下四个流程。①需求计划流程。调研客户和市场对绿色产品的需求，并对各种绿色方法的实用性和可行性进行规划。②过程管理流程。结合企业的自身情况，在生产的不同阶段展开不同的绿色质量功能，比如绿色设计、绿色采购和绿色制造等。③质量监督流程。企业要保证绿色质量管理体系的有效性，要对从生产设施和材料，到人员培训、产品运输和售后服务等多环节进行质量管控。④持续改进流程。不仅要考虑企业生产、销售和物流等传统质量管理的正向流动过程，还要结合环境保护理论的新趋势，对生产周期结束后的产品逆向质量管理循环的过程（如产品回收、再利用）进行持续改进。

三、绿色质量管理的内容

基于全面质量管理的研究内容，从质量环境与质量演化、绿色质量管理体系、绿色质量保证体系、绿色质量集成管理与控制、绿色质量管理体系的评价及持续改进几个方面研究绿色质量管理。

（一）质量环境与质量演化

质量环境是相对于质量系统的界定而存在的，是一切影响着质量系统内部结构和系统功能特性的外在因素的总和。质量环境属性的变迁，影响着质量观念的变化，质量的概念经历了从“符合性质量”到“适用性质量”再到“顾客及相关方满意”这样一个逐渐的演化过程。从中可以发现，质量概念随着质量环境向着复杂化、多样化并且越来越不稳定的方向变迁，由具体的、孤立的、客观的和解析式的概念逐渐发展成为抽象的、系统的、主观的和综合式的概念。与质量概念的演化历程相似，质量管理的发展历程也是与质量环境密切相关的演化过程。从质量检验到质量控制再到全面质量管理，管理的对象从实物产品到系统的过程再到整个系统的所有相关事物。新经济时代与传统的工业化时代不同，发生了根本性的转变，质量环境与传统质量系统不同，质量管理不仅是作为一种企业组织内部的管理职能，而且已经上升到关注环境变化、面向未来决策的战略层次，融入综合性的企业经营活动之中。

（二）绿色质量管理体系

体系也称为系统，是由相互作用和相互依赖的组成部分结合而成的、具有特定功能的有机整体，是互相联系诸要素的综合体。绿色质量管理体系是一种复杂系统，其范畴已经超出了传统质量管理的组织系统，发展成为超越企业组织边界的立体网络型复杂系统。而复杂系统因其内部众多的组成元素或单元之间的相互作用以及系统与环境之间的相互影响，系统的整体功能和外在属性表现出绿色和谐的特征。传统企业追求自身利益的最大化的同时，希望能以更高效率、更低成本与外部企业及组织合作，建立具有共同利益及价值追求的共同体或合作伙伴。这种利益伙伴关系系统在绿色管理视角审视下，质量系统的优化发展前景应是成为具有同一命运的绿色质量系统，其生存和发展具有统一的利益基础，共同关注可持续发展的和谐性。绿色质量系统的建立，促进了伙伴企业之间的绿色合作，有利于社会的经济发展、自然环境的生态保护，有利于整个社会的可持续发展。

（三）绿色质量保证体系

质量保证分为内部质量保证和外部质量保证。内部质量保证是为了使企业领导确信本组织所提供的产品或服务等能够满足质量要求所进行的活动，由此建立的体系称为质量管理体系。外部质量保证是为了使用户或第三方确信本企业所提供的产品或服务等能够满足质量要求所进行的活动，由此建立的体系称为质量保证体系。质量管理体系的建立是质量保证体系建立的基础，同时质量管理体系的内涵、范围要较质量保证体系的更丰富。绿色质量保证体系可在绿色质量管理体系建立的基础上，结合质量、职业安全健康、环境的一体化标准管理体系，为用户或第三方提供充分的证据，以证明组织有足够的能力满足相应的质量要求。

（四）绿色质量集成管理与控制

现代制造业环境下，对产品质量管理与控制应该是一个综合性管理概念，局部质量管理的最优与达标是整体质量管理的基础，但并不能保证产品的整体质量。因此，绿色质量管理应该是一个集成化的管理过程，其中，对与质量管理相关的物料流、工作流与信息流的管理需要实现在质量管理中的全方位集成。与现代制造系统模式相适应的绿色质量管理应该既能够实现企业管理层次的纵向集成管理，又能够实现覆盖产品全过程的横向集成管理。“纵向集成”是层次型集成，即与质量形成有关的信息流和工作流在企业质量保证体系中的决策层、管理层、实施层和执行层之间的自上而下和自下而上的集成。“横向集成”是过程型集成，即与产品质量形成有关的物料流、工作流、信息流围绕产品实现过程中所有活动的集成。纵向集成与横向集成不是相互割裂的，它们分别从企业的管理组织机构和产品质量形成过程这两个不同的角度描述企业集成化的质量管理系统。纵向上每个层次内存在着横向关系，横向上的每个环节也都与纵向上的相应环节存在着纵向关系，在纵向和横向两个角度上同时保证集成的实现可以有效地保证质量系统能够与企业整体环境真正融合在一起，形成一个有机的整体，实现质量信息在企业各层次间顺畅地上传下达、质量活动在产品形成过程中有序进行、质量目标和计划在企业范围内有效贯彻。

（五）绿色质量管理体系的评价

传统的质量管理体系评价主要是通过管理评审的方式进行。企业最高管理者必须通过管理评审的定期运作，以审视质量管理系统是否有效，最高管理者或职业经理人通过全面检查和评价企业质量方针、目标及质量体系的适宜性和有效性，找出质量体系运行中需要提高和改进的方面与环节，制定切实可行的纠正措施并严格执行，从而不断提高企业的质量保证能力和市场竞争能力。绿色质量管理体系的评价将在传统管理评审的定性评价基础之上，基于网络评价原理，对绿色质量管理体系进行网络评价。此种评价方法，一方面可以为企业管理者提供更为直观的信息，及时发现体系中的不足以进一步改进；另一方面，可以为企业提供科学的测量分析方法，实现企业绿色质量管理体系的有效性评价。

（六）绿色质量管理体系的持续改进

企业绿色质量管理体系的构建是基于ISO9000：2000的质量管理体系的过程方法，基于过程方法的质量管理体系的运行遵循全面质量管理的重要思想——PDCA循环思想。企业依据所建立的市场反馈系统和质量信息系统的信息，不断了解和识别改进的机会，设定质量改进的目标，提出质量改进的方向，采用科学的技术与方法，如统计方法等，对现有的质量系统进行改进。另外，持续改进还意味着强化环境管理体系的过程，目的是根据组织的环境方针，改进整体的环境绩效。绿色质量管理体系的建立本身蕴含着和谐、环保的发展思想，充分考虑到企业的经济利益和环境保护，在这种集成思想的指导下，企业环境管理效果的改进要较单独环境管理系统下的持续改进好得多。绿色思想在节约资源、治理污染获得改进效果的基础上，反过来会更加促进企业总体利益的提高。

四、绿色质量管理的原则

（一）超越满足顾客绿色需求，追求使所有相关方满意

企业应关注、识别、满足顾客和其他相关方的绿色需求和期望，包括当前的、潜在的和未来的需求，确保使所有相关方均能获益。这不仅是指各种各样的顾客，还指企业的所有者、企业内的员工、企业外的供方、合作伙伴、有关团体、社会和生态环境。

（二）以人为本、全员参与绿色质量管理

企业高层管理人员倡导将绿色质量作为企业质量目标，积极发挥员工的合作精神和主人翁精神，调动员工的积极性，群策群力，共同关注企业的发展，并努力使员工满意；同时，加强针对全员的绿色质量文化教育、培训，在重视员工自

我完善的同时，鼓励学习交流，提高员工素质。

（三）全过程绿色

质量管理包括从研究市场、开发产品开始，经设计、制造、交付、售后服务、消费过程到寿命结束的处置的所有过程，可以将其分为内部过程和外部过程。运用绿色质量管理的过程方法，对有关质量的开发、产生、形成、实现、营销和维护的所有因素，实施基于节约资源和环境保护的以预防为主的控制，将外部过程质量内部化，使可能的质量问题消除在形成之前或形成之中。

（四）承担终身质量责任

绿色质量管理追求基于企业、社会、资源与环境协调发展的大系统的综合满意；注重产品全生命周期的质量，进入消费领域直至生命周期结束后的处置的外部质量对环境的影响，直接与企业的设计、生产、包装等过程有关；外部质量应该内部化，企业承担终身责任。

（五）科学的、切合实际的质量决策和绿色技术质量方法

为了成功地实现绿色质量管理，必须始终以科学的、切合实际的质量决策来确定质量方针和目标，正确进行质量定位。在绿色质量战略下，企业制定质量发展的方针、目标；同时，运用过程方法，建立绿色质量管理体系，系统地识别和管理所使用的过程及过程之间的相互关系，识别过程之间的顺序关系，对每个过程确定其输入和输出，确定其为实现将输入转化为输出的所需活动、资源和支持性过程，然后确定控制准则和方法，并通过运行、监测进行改进。绿色质量管理体系始终坚持用有效的绿色技术质量方法来分析，促进节约能源、环境保护，进一步解决质量问题。

（六）持续改进、追求卓越

为实现企业的可持续发展，获得长期的成功，需要寻求不断地改进、提高的机会，从资源、技术、方法、环境等多方面分析，不仅在原有基础上寻求改进，还需要不断地创新，追求卓越的业绩。

（七）与供方、环境共利

在传统的全面质量管理环境下，强调组织与供方相互依存、互利的关系可以增强双方创造价值的能力。在生态危机日益严重的今天，人类的利益与其他物种乃至地球的利益已休戚相关地相互交织在一起，要求人们不能不顾一切地追逐人类的利益，仅以双赢去考虑供需双方的关系，而必须考虑人与自然之间的整体利益或从整个生态系统去考虑人与自然的利益和谐，要求人类要认识到包括人类在内的一切事物在本质上是互相联系的，人类利益的选择被自然界整体动态结构的极限所束缚，建立与供方、环境共利的关系，保持在自然系统价值的限度内实现共赢。

第二节　企业绿色质量管理体系构建的策略

一、绿色质量管理体系的基本理论

（一）绿色质量管理体系的基本思想

在ISO9000：2000质量管理体系的基础和术语中，质量管理体系的定义是：在质量方面指挥和控制组织的管理体系。绿色质量管理体系是强调以绿色质量方针为基础，以绿色质量目标为目的，建立组织机构，所有的员工都有自己的质量职责，按规定的程序进行工作和活动，将资源转化为产品的有机整体。绿色质量管理体系基于传统管理职责，资源管理，产品实现，测量、分析和改进四大过程要素组成的基础上，注重资源的节约、循环、有效利用。

绿色质量管理体系的基本思想体现在以下几个方面。

1.绿色质量管理体系帮助组织增强顾客满意和环境满意

质量管理体系鼓励组织分析顾客要求，规定相关的过程，并使其持续受控，以实现顾客能接受的产品。绿色质量管理体系能提供持续改进的框架，以增加顾客和其他相关方满意的机会，还就组织能够提供持续满足要求的绿色产品，向组织、顾客及所有相关方提供信任；同时，强调资源的有效利用和环境保护，所以在传统顾客满意、组织满意及所有相关方满意的基础上，注重环境的满意、资源的循环利用。

2.绿色质量管理体系的要求与绿色产品要求

产品要求可由顾客规定，或由组织通过预测顾客的要求规定，或由法规规定。绿色质量管理体系的要求是通用的，适用于所有支持环境保护的行业和经济领域，不论其提供何种类别的产品。它不是绿色产品实现的必要条件，但可支持产品实现，是产品要求的补充。

3.绿色质量管理体系方法

绿色质量管理体系方法是一种系统管理方法。首先，它把组织的质量管理当作一个系统，对这个系统提出要求（质量方针和质量目标）。其次，它根据质量方针和质量目标来设计质量管理体系，使系统内的所有要素都与系统结合起来，形成组织机构、全员参与、过程网络等。再次，它使用持续改进的方法，对系统进行改进，追求系统的最大功效（测量、分析和改进）。最后，它充分利用控制论、信息论的方法，不断地接收顾客和其他相关方的信息和资源，保持系统的持续运行。

4.过程方法

任何使用资源将输入转化为输出的活动或一组活动可视为一个过程。为使组织有效运行，必须识别和管理许多相互关联和相互作用的过程，通常，一个过程的输出将直接成为下一个过程的输入。过程方法用于系统的识别和管理组织所应用的过程，特别是这些过程之间的相互作用。

（二）绿色质量管理体系的组成要素

1.以满足绿色质量目标的需要为准则

质量管理体系是为满足组织内部管理的需要——绿色质量目标的实现而设计的，应该比特定的顾客要求更广泛，因为顾客通常只评价质量管理体系的有关部分。

2.绿色质量管理体系应具备的条件

通过设置组织机构、规定各职能部门的职责和权限并明确相互的关系和工作程序，以便使各项质量管理活动能够得以经济、有效、协调的运行。这样形成的一个有机整体，便是组织的质量管理体系。通过审核和评审，对体系实施不断的改进，以适应完善的内部管理和外部环境变化的需要。绿色质量管理体系也包含硬件和软件两部分，是由质量职责和权限、组织结构、程序、过程和资源（如人员素质、设施能力等）等几个部分组成的有机系统。

3.绿色质量管理体系的主要活动

绿色质量管理体系的主要活动包括以下几个方面的内容。

（1）建立绿色质量方针和质量目标。质量方针是由组织的最高管理者正式发布的该组织总的质量宗旨和方向，质量目标是在质量方面追求的目的。质量方针作为一种指导思想，指导质量管理体系的建立，包括进行质量职能的分配、确定相关过程、落实职责等，统一各项质量要求。

（2）明确最高管理者在质量管理体系中的作用。最高管理者是指在最高层指挥和控制组织的一个人或一组人，通常情况下，是指董事长或总经理、厂长等。最高管理者的根本职责，是将质量管理的原则作为发挥自己作用的依据，也就是说，最高管理者的全部活动是贯彻落实质量管理的八项原则。

（3）建立体系评价系统。建立起来的绿色质量管理体系是否合适，运行效果怎样，是否达到预期目标，需要通过对质量管理体系的评价来解决。评价可以只针对某一个或几个过程进行，也可以针对很多过程包括全过程进行；既可以针对某一个部门或单位进行，也可以针对全组织进行。

（4）持续改进质量管理体系。持续改进质量管理体系的目的在于增加顾客和其他相关方满意的机会。改进不仅是针对产品进行的技术改进，而且也是针对过程进行的改进。体系运行过程中，寻找、识别改进的机会对持续改进相当重要，审核、顾客反馈、管理评审、改进结果评审等都可以提供改进的机会。

（三）绿色质量管理体系的理论基础

1.以八项质量管理为原则

八项质量管理原则是质量管理最基本、最通用的一般性规律，是策划和实施质量管理体系必须遵循的原则，其中包括：以顾客为关注焦点、领导作用、全员参与、过程方法、管理的系统方法、持续改进、基于事实的决策方法、与供方互利的关系。在编制质量管理体系文件过程中应该将这八项原则融入其中，体现原则精神，并结合实际运用到具体的实践活动中去。

2.体现过程方法的模式

在组织中应用的以过程为基础的质量管理体系模式，是过程方法和管理的系统方法在质量管理体系中的具体体现。过程方法模式体现了质量管理体系是一个在质量方面指挥和控制组织的管理体系，而体系是由相互关联和相互作用的一组要素组成，要素与过程有关。组织建立和实施质量管理体系，通过分析组织的顾客需求，确定所需过程，使其持续受控，以达到产品的提供能够满足顾客和法律法规要求，增强顾客的满意程度。

3.“管理系统方法”原则的具体应用

质量管理体系是由相互关联和相互作用的一组要素组成的有机系统，体系的建立和实施都要充分体现系统管理方法的原则，如体现出整体功能、达到增值的效果、自我调节自我完善、不断循环改进。通过质量管理体系的建立和实施，做到与质量管理体系有关的过程由无序变为有序，由稀疏变为紧密，由零乱变为齐整。

4.强调适用性

行业不同、产品不同、规模不同，企业建立的质量管理体系的要素内容、过程必然会不同。企业应分析自己的具体情况，根据需要，灵活地采用过程方法，结合自己的实际情况，建立适于企业自身的质量管理体系。

5.质量管理体系的要求是对产品要求的补充

质量管理体系的要求是通用的，适用于所有行业或经济领域，是对产品要求的补充。但是，质量管理体系一定要建立在明确的产品要求之上，以便用标准来规范产品要求。如果在组织的质量管理体系中产品的要求不明确、不完整，那么质量管理体系应有的功能就不能达到。

（四）绿色质量管理体系策划的原则

绿色质量管理体系按以下原则进行策划。

1.绿色质量策划的原则

“质量策划”是致力于制定质量目标并规定必要的运行过程和相关资源以实现质量目标的活动，策划的结果可能形成质量计划。为提高产品和服务的质量达到绿色的要求，满足环境的绿色友好需求，需要对绿色质量管理体系进行精心策划和周密计划。任何一项新的工作和活动，取得成功的第一步就是做好质量策划，必要时还要制订质量计划。

2.整体优势的原则

绿色质量管理体系如同其他体系一样，是由若干个相关的过程相互联系、相互制约而构成的整体。节约资源、降低污染最终与强调产品的零缺陷是一致的。顾客满意、环境满意、社会满意、组织满意及所有相关方的意图渗透于体系的策划、文件的编制、各过程的接口与协调，绿色质量管理体系应树立系统的观念，采取系统工程的方法，整体优化体系的各个环节、各个部门及各个过程。

3.以预防为主的原则

预防为主，就是将质量管理的重点从管理的“结果”向管理的“过程”转移。不是等出了不合格品才去采取措施，不是等出现了污染才去治理。英国的泰晤士河遭受污染，在历经百余年整治并花费了300多亿英镑之后，才终于变清，绝迹多年的鱼才又回来，由此可见末端治理的代价。因此，企业应采取积极的措施，预防潜在的不合格和潜在的污染，节约、环保、和谐及健康的思想应该首先建立起来，一切过程的建立、运行、改进都以预防为主，做到防患于未然。

4.满足所有相关方要求的原则

全面质量管理强调满足顾客要求的原则，基于可持续发展的绿色质量管理强调所有相关方满意，这里包括满足环境的要求。仅以满足顾客对产品的质量需求建立质量管理体系是狭隘的，而且企业利益的发展也是短期的，从长远来看，关注顾客、关注绿色的环境将为企业带来长期的利益，形成良性的循环，绿色产品也将是顾客未来共同关注的满意产品。所以，质量管理体系的建立应该是满足顾客、社会、环境、法规等所有相关方满意的。

5.过程概念的原则

所有活动都是通过过程来完成的，每一个过程都有输入和输出两部分，输入是过程的基础，输出是过程的结果，即产品。过程本身是增值转换，每一个过程都以某种方式包含着人或其他资源，他们是过程的条件，一个组织的质量管理就是通过对组织内各种过程进行管理来实现的。

6.质量与效益统一的原则

为实现质量与效益的统一，必须从顾客、组织、环境多方面权衡利益、成本和风险诸因素的关系。有效的质量管理体系，应该既能满足顾客的需求和期望，又能保护组织的利益和环境的利益，做到各方利益的共赢。

7.持续改进的原则

组织应确定防止不合格发生和保证污染趋向零排放，采取进一步改进过程的措施，不断寻求对组织过程的有效性和绿色改进，策划和实施确保改进过程的必要措施，评价改进效果。这些措施必须实施一定的时期，以证明它们的效力。

二、绿色质量管理体系的理想模式

基于过程方法的绿色质量管理体系模式，较传统质量体系不同，体现在管理职责，资源管理，产品实现，测量、分析和改进四大过程基本要素的内容绿色化上，要求较传统的要素内容不同；同时，在基本过程实现过程中，影响过程决策的因素发生了变化，传统质量体系只考虑企业经济利益，绿色质量管理体系兼顾企业利益与环境利益的协调发展；在原有成本分析基础上，兼顾产品的生命周期的环境评价；在基本过程进行的同时，伴随着资源的循环利用的逆向物流过程，能够充分体现绿色质量管理战略要求。

绿色质量管理体系的理想概念模式在企业实施过程中，根据不同的过程在组织中的不同作用，可以对其进行以下过程的分析。① 绿色市场营销分析调查市场的绿色需求，兼顾消费者、投资者、员工、企业股东及环境所有相关方共同的利益；②（高层）管理过程分析强调最高管理者的绿色方针的制定，调动员工积极性，并对质量管理体系的有效性进行管理评审；③ 支持过程（资源管理过程）分析企业需要的必要资源以保证质量体系的有效实施，主要包括人力资源、基础设施（硬件和软件，即工作场所和相关的设施和设备）以及工作的环境；④ 绿色物流过程分析包括针对产品的实现过程，从绿色设计、绿色生产、绿色销售到服务过程的正向绿色物流过程，强调绿色循环过程，从环保的角度和循环经济的角度出发，要求产品寿命结束后的处理过程、循环过程，包括资源的循环理由与能源的节约和再利用的逆向物流过程分析；⑤ 测量分析和改进过程分析绿色质量管理体系的运行，遵循全面质量管理的PDCA循环思想，通过对过程的监视和测量提供改进的依据。

（一）绿色市场营销模式

由于消费者环境意识的不断增强，许多企业正在努力以一种更加亲和环境的、有社会责任感的方法来进行产品开发、制造、包装、配送和改进，以满足顾客潜在的绿色消费需求。通过不断地创新和适应这种变化，企业在经营活动中产生了一种强烈的社会和环境意识，最终，绿色营销导向成为一类单独的经营导向。

绿色市场营销模式主要是针对相关方的绿色需求和期望进行分析。相关方是指与组织的业绩或成就有利益关系的个人或团体，绿色质量管理体系下的相关方应该包括顾客和最终用户、组织的员工、所有者和投资者、供方和合作者、社会及环境。企业的成功取决于能否理解与满足顾客以及所有相关方的需求和期望，为此，组织应考虑以下活动。

（1）识别所有相关方的需求和期望。实地调查相关方信息，这里主要是指顾客的信息，把握需求的特点，在对组织自身的内部环境分析的基础上，将顾客及其他相关方信息转化为产品特性或服务规范和接受准则。

（2）始终兼顾所有相关方的期望。企业在针对特性、规范和接受准则确定实现的过程中，要始终兼顾相关方的期望，随着期望的变化，随时适度调整过程的结构。

（3）将所有相关方的需求和期望转化为要求。在兼顾要求期望的基础上，将要求转化为质量特性的要求，进一步实施。

（4）在组织的各个层次沟通这些要求。根据各个过程的要求，需要各生产部门、管理部门等各职能部门，提供人员、设施、原材料、文件和环境，并按照要求控制过程，以进一步实现产品和服务。

（5）对所有过程进行改进，为相关方创造价值。通过过程的实施、测量和对顾客的反馈信息的整理，对不合格的过程采取纠正措施；通过数据分析，针对关键的过程，采取预防的措施。在此基础上，分析顾客的反馈信息，按照要求提出改进的对策。

（6）组织应超越所有相关方的期望。组织应根据相关方的要求，进一步调查市场的潜在需求，加强科研的力量，调动全体员工积极性，挖掘潜力，研发新产品，做到不仅能够满足顾客和所有相关方的要求，同时还能创造科技含量高、绿色度高的、超越顾客期望的产品。

（二）绿色管理过程模式

作为企业的最高管理者，其管理职责应该包括确定有利于企业可持续发展的绿色质量方针、目标，关注绿色需求，规定职责和权限，策划绿色质量管理体系并进行管理评审。

1.制定绿色质量方针、目标

企业树立绿色质量管理理念，最高管理者要树立绿色质量发展战略，确定质量方针、目标，确保适合于组织活动、产品或服务的性质、规模与环境的影响。

绿色质量方针既需要体现企业的经营管理理念和发展方向，还需要满足各管理体系标准对质量、环境和职业健康安全等管理方针的要求。

例如，某企业的绿色质量方针和目标如下。

（1）绿色质量方针。本公司愿意为顾客提供精心设计和精心策划的绿色产品，保证在使用中安全可靠，最终免费回收。公司履行自己的全部承诺，并通过不断改进、创新和追求，使产品质量水平处在世界电器行业的前列。

（2）绿色质量目标。通过降低生产过程的废品率降低成本，降低值为全年销售额的0.15%；提高材料利用率，改进现有流程和技术。

2.绿色供应商选择

企业在选择供应商时主要考虑的因素是产品质量、价格、交货期、批量柔性和品种多样性等。在绿色质量管理中，环境因素、保健因素则是重点考虑的主要因素。选择供应商，应该选择具有绿色质量管理意识，重视企业环境管理，采取主动积极的态度实施绿色生产的企业，与它们结成绿色战略伙伴。

3.满足顾客绿色需求及环境保护

企业最高管理者在绿色质量管理实施过程中，将实现顾客满意作为组织的根本追求，同时兼顾企业内外的环境因素，最终实现绿色和谐的发展前景。

4.确保职责、权限得到规定和沟通

实施绿色质量管理最根本的是以人为本，明确职责、权限，调动员工的积极性。只有全体员工共同参与，才能实现“环保、和谐，节约”的企业绿色质量战略。

5.基于过程方法的体系策划

策划是质量管理的一部分，致力于制定质量目标并规定必要的运行过程和相关资源以实现质量目标。策划内容包括公司的组织结构，各部门、各岗位的职责权限，实现绿色质量管理体系有效运行所需的资源配置。

6.进行管理评审

最高管理者通过开展绿色质量管理评审，审视质量管理系统能否与绿色质量方针、目标保持持续的适宜性、充分性和有效性，包括评价质量管理体系改进的机会和变更的需要。

绿色质量管理体系的有效运行离不开内部的有效沟通，最高管理者应确保在组织内部建立适当的沟通过程。企业的决策层、执行层、作业层围绕绿色质量目标及体系运行的要求，通过会议、简报、联网、内部期刊、布告栏、声像等媒介进行有效的沟通，通过信息交流增进理解与协调，并达到提高过程有效性的目的。

（三）绿色支持过程模式

管理者应确保识别并获得质量管理体系运行和改进，使顾客和其他相关方面满意所需要的各类资源。资源管理可以分为硬件资源管理和软件资源管理，由于人力资源管理的特殊性，绿色人力资源管理与硬件资源管理和软件资源管理分开讨论。

1.绿色人力资源管理的支持和配合

企业绿色质量战略（环境战略）实施对人力资源的绿色化管理，注重为社会提供某种“绿色价值”，达到企业利益与社会环境保护协调发展的目标。其中包括人力资源的培训、考核和认知提升；绿色和谐的劳资关系管理；确保人才素质的人才内部提升与公开招聘。

2.硬件资源绿色管理

硬件资源管理包括绿色化的基础设施、绿化的工作环境和绿色的能源。绿色质量管理体系的实施需要绿色化的基础设施来支持，员工从事生产需要绿化的工作环境保证，企业则需要绿色能源的提供。

3.软件资源绿色管理

在信息高度发展的社会，自然资源的存储信息、市场信息等各种信息已成为企业在市场中生存的关键。企业利用信息获得收益，将信息转化为财富。绿色质量管理要求软件资源管理的绿色化，包括信息资源管理和自然资源的选择与循环利用管理。

（四）绿色物流过程模式

企业物流包括企业从原材料供应，到产品生产和产品销售的全部活动，它由供应物流、生产物流、销售物流和逆向物流构成。绿色物流就是在闭环的物流的各个环节包括运输、储藏、包装、装卸、流通加工和废弃物处理等物流活动中，采用环保技术，提高资源利用率，最大限度地降低物流活动对环境的影响。

绿色物流管理是工业生态系统和生态学成功实施的关键。物流上产生的废物和排放是一些严重环境问题（包括全球变暖和酸雨）的主要源头。企业有很多理由需要开展绿色物流管理，以从消极地遵守法规要求转变到积极地获得战略和竞争优势。目前，绿色物流管理还是一个比较新的领域，实践和研究还有待企业进一步探究。

绿色物流可分为绿色正向物流和逆向物流，绿色正向物流包括绿色供应物流、绿色生产物流、绿色销售物流；逆向物流是指在企业物流过程中，由于某些物品失去明显的使用价值（如加工过程中的边角料、消费后的产品、包装材料等）或者消费者期望产品所具有的基本功能失去了效用或已被淘汰，将作为废弃物抛弃，但在这些物品中还存在可以再利用的潜在使用价值，企业为这部分物品设计一个回收系统，使具有再利用价值的物品回到正规的企业物流活动中来，这个回收系统就是逆向物流系统。

1.绿色正向物流过程模式

绿色正向物流过程不仅是体系策划的重要过程，也是企业质量管理活动的目标之一。绿色质量管理下的物流过程，直接涉及是否满足顾客的绿色需求，是否满足环保需要，是否满足资源的节约、回收要求。组织应对正向物流过程的策划、控制、保证和改进提供措施和技术。

（1）绿色需求分析

通过市场调查和预测，了解用户的需求，但绿色质量管理强调产品对环境的影响，因此，在调查过程中一定结合环境因素，考虑所有相关方期望和需求的同时，生产节约型的、无污染型的绿色产品。

（2）产品设计、制造、包装和标识的绿色设计

绿色物流建设应该起于产品设计阶段，以产品生命周期分析等技术提高产品整个生命周期环境绩效，在推动绿色物流建设上发挥先锋作用。包装是绿色物流管理中的一个重要方面，如白色塑料的污染已经引起社会的广泛关注；过度的包装造成了资源的浪费。因此，再生性包装由于容易回收的性质得到越来越广泛的使用，可以重复使用的集装箱也是绿色包装的例子。另外，通过标签标识产品的化学组成也十分重要。通过标识产品原料特别是可塑零件的组成，会使将来的回收、处理工作进展顺利，这些绿色技术在物流中应用的同时也提高了生产效率。

绿色设计作为一种方法学，体现了产品全生命周期的观点，其内涵是产品全生命周期技术性、经济性和环境协调性的系统设计，绿色设计的面向对象不再是产品本身，而是整个产品系统，包括产品材料选择设计、产品的可回收性设计及产品的可拆卸性设计。

例如，包装设计要容易拆卸和回收。包装分拣的基本动作就是拆开纸盒包装，分离不同的包装部件与材料。拆卸是包装废弃物回收处理的前提，无法方便拆卸的包装废弃物就谈不上有效回收。

绿色采购是企业从事生产经营活动的源头，因此在我国研究和推广绿色采购是十分必要的。采用各种材料和零部件，提高材料的再循环和再使用；减少不必要的包装，使用可降解或可回收的包装等，降低末端环境治理成本；改善企业内部、外部环境状况，满足甚至超过消费者和政府机构对其的环境期望，进而提高

企业的竞争力。

在绿色质量管理理论指导下，在整个生产过程中（包括生产过程、服务过程）体现绿色要求的一种生产状态，其内容包括在整个生产过程中符合和体现健康安全、环境保护与资源的合理利用的要求。其中绿色技术是实施绿色生产的关键，绿色治理是将污染进行根治或降到最低程度。

绿色包装是指对生态环境不造成污染，对人体健康不造成危害，能循环和再利用，可促进持续发展的包装。绿色包装涵盖了保护环境和资源再生两方面的意义。包装制品从原料采集，材料加工，产品制造、使用，废弃物回收再生，直到其最终处理的生命全过程都不应对人体及环境造成危害，做到减量化、无毒害性。

（3）绿色运输体系

原材料和产品的运输是物流中最重要的一部分，它贯穿物流管理的始终。运输环节对环境的影响主要体现在三个方面。首先，是交通运输工具的大量能源消耗；其次，是运输过程中排放大量有毒气体，产生噪声污染；最后，是运输易燃、易爆、化学品等危险原材料或产品可能引起的爆炸、泄漏等事故。现在政府部门对运输污染采取极为严格的管理措施，如对机动车制定严格的尾气排放标准。同时政府交通部门还将充分发挥经济杠杆的作用，根据机动车的排污量来收取排污费。由此，企业如果没有采取绿色运输，将会加大经济成本和社会环境成本，影响企业经济运行和社会形象。

（4）废弃物料的处理

企业正向物流中产生废弃物料的来源主要有两个。

一是生产过程中未能形成合格产品而不具有使用价值的物料，如产品加工过程中产生的废品、废件，钢铁厂产生的钢渣，机械厂的切削加工形成的切屑等；二是流通过程中产生的废弃物，如被捆包的物品解捆后产生的废弃的木箱、编织袋、纸箱、捆绳等。由于垃圾堆场的日益减少，因此厂商寻找减少废弃物料的方法就显得越发重要。一方面，厂商要加强进料和用料的运筹安排；另一方面，在产品的设计阶段就要考虑资源可得性和回收性能，减少生产中的废弃物料的产生。

2.逆向物流过程模式

逆向物流可以简单地概括为组织对来源于客户手中的物资的管理。逆向物流包含来自客户手中的物资、包装品和产品。更简单的概括是，逆向物流就是从客户手中回收用过的、过时的或者损坏的产品和包装开始，直至最终处理环节的过程。但是现在越来越被普遍接受的观点是，逆向物流是在整个生命周期中对产品和物资的完整的、有效的和高效的利用过程的协调。

生产过程中造成的浪费或副产品、销售过程中的回收和商品初始使用或通过交易的其他用途用完之后的回收都应被收集起来，经过挑选处理，分成两大部分，其中一部分可以再使用、再生产和再循环，另外一部分不可再利用，需要经过处理之后，不对环境产生影响或将影响降至最低。

3.测量、分析和改进过程模式

企业对绿色产品的符合性、绿色质量管理体系运行的有效性及持续改进的有效性进行必要的策划和实施。

应采用适宜的方法对绿色质量管理体系运行的有效性进行监视，确定绿色质量管理体系是否符合质量管理体系要求，是否得到有效实施与保持。其中包括确保绿色产品的符合性要求的过程的监视和测量与验证产品要求得到满足的产品的监视和测量；企业采取适当的措施控制不合格品尤其是那些可能对人体造成危险或潜在危险的不合格品，以及在使用中可能对环境造成污染或寿命结束后对环境可能造成污染的产品；通过对产品、服务、过程和体系的监视和测量获得的数据分析，持续改进绿色质量管理体系的有效性。

三、绿色质量管理体系的运行机制及特征

（一）绿色过程影响要素分析

1.绿色质量战略指导

企业树立绿色质量战略，绿色思想在先，绿色行动跟进，因此绿色质量管理理念是企业绿色管理、绿色质量体系有效实现的战略性指导思想。绿色质量文化的渗透，企业对环保工作的不断深化认识和实践，逐步发展、建立起来的绿色价值观，对治理污染责任的认识和理解等，由被动转向主动，由不自觉转向自觉，向更深的层次，更高的环保、和谐要求发展。绿色质量战略对绿色质量管理体系的有效实施起到纲领性的作用。

2.企业经济效益与环境效益的兼顾

企业在绿色质量文化引导下，由单纯追求经济效益的取向，转变为追求企

业的全面发展，将自身的发展融入社会经济的发展之中，谋求经济效益、社会效益和环境效益的统一。企业竞争力的内涵，不仅体现在产品的价格、质量和服务上，还体现在为改善环境作贡献上。企业实施绿色质量管理战略，在生产的每一个阶段，都要从经济利益、环境利益和健康和谐方面去考虑，将绿色思想渗透质量生产全过程，实现能源转换的功能，包括充分利用和节省能源、回收二次能源，提高企业可持续发展的能力，进而提高企业可持续竞争力。

3.产品生命周期的环境评价

产品生命周期包括从原料开采开始，经过原料加工、产品制造、产品包装、运输和销售，然后由消费者使用、回收和维修，最终再循环或作为废弃自理和处置整个过程。资源消耗和环境污染物的排放在整个阶段都可能发生，因此污染预防和资源控制应贯穿产品生命周期的各个阶段。生命周期评价是对某种产品或某项生产活动从原料开采、加工到最终处置的一种评价方法。生命周期评价的思想力图在源头上预防和减少环境问题，而不是等问题出现后再去解决。

4.产品类别与过程特征

产品类别有四种：服务（如运输）、软件（如计算机程序）、硬件（如发动机机械零件）、流程性材料（如润滑油）。多数产品含有不同的产品类别的成分，一种产品被称为硬件、流程性材料、软件还是服务，取决于其主导成分。每一种类别的产品特别是硬件，都是千差万别的，产品的实际情况不同，对组织的质量方针和质量目标产生的影响就不同。一般来说，复杂而精密的产品对质量管理体系的要求就要严格得多，而如果产品不那么复杂、精密，就不必照搬别人的质量管理体系，使成本增加而无实际收益效果。

企业生产运作过程的复杂程度不同，也会导致质量管理体系过程网络的不同。以机械加工为例，有的组织从铸造、锻压、冲压、冷加工、热处理、表面处理到装配什么都有，而有的组织可能只有装配。对过程网络复杂一些的组织来说，其质量体系要复杂一些，譬如就应该有特殊过程（如铸造、锻压、热处理等）的控制程序。

（二）绿色质量管理体系的运行机制

1.四大过程要素形成的输入、输出闭环过程

质量管理体系是一系列相关过程的集合，建立和实施质量管理体系始于明确顾客的需求和期望，在此基础上要确立企业的质量方针和质量目标，进而确定实

现目标所必需的过程，通过持续不断地控制和改进过程来实现质量的改进、成本的降低和生产率的提高。质量管理体系是围绕着过程这一核心来运行的，并且在运行中四大过程形成相对闭环的过程。

"管理过程"的输入包括两个方面，一是"测量、分析和改进"，二是"顾客和其他相关方的要求"。质量管理体系的运行质量如何？产品质量如何？顾客和其他相关方的新的要求的满足程度，及其接受产品和服务的满意程度处于什么状态？这些诸多信息输入给"管理职责"过程，使"管理职责"通过自己的"管理评审"子过程明确加以改进的方向，形成新的"管理承诺""质量方针""质量策划"和质量管理体系要求作为一种输出。这样，"管理职责"就完成了自己的过程"增值"。

"支持过程"的输入是根据"管理职责"确定的原则、方针和目标，配置并提供能够确保"产品实现"过程所需的资源。"资源管理"的输出是资源的实物形态，包括人力资源、物力资源、为达到产品符合要求所需的工作环境，以及信息资源、自然资源和财务资源等。

"绿色物流"的输入包括两个方面：一是实物的输入，即组织内部的"资源管理"的提供，这种资源包括人员、基础设施、工作环境、信息、财务等；二是信息的输入，这是顾客和其他相关方的要求。同样，"绿色物流"的输出也包括两个方面：一是实物的输出，即满足规定要求的产品输出给顾客和其他相关方；二是信息的输出，即对可提供的产品和产品实现过程进行的"测量、分析和改进"。

"测量、分析和改进"的输入包括两个方面：一是"产品实现"的输入；二是顾客和其他相关方满意与否的信息输入。同时，又向"管理职责"输出分析和改进的信息，而且为质量管理体系的持续改进提供信息输入。

上述四大过程形成了一个结构性闭环，不断循环、不断改进、不断提高，体现了质量管理体系的特征和主要过程内容。过程方法模式是一种简化了的质量管理体系示意图。在质量管理体系的实际运作中，输入和输出是相当复杂的。例如，"产品实现"过程就有"管理职责"，如质量方针、质量指标、管理要求等信息的输入；同时，"产品实现"过程也可能直接向"管理职责""资源管理"输出反馈信息，并对新的要求输入加以改进，为满足输出结果自我调整以适应需要。

2.以“绿色物流”过程为核心的主体过程

“绿色物流”过程在组织的质量管理体系中处于非常重要的或者主导的地位。

首先，过程的输入和输出都直接与顾客和其他相关方相联系。组织的过程直接从顾客和其他相关方处获得要求的信息输入，又通过直接输出产品提供给顾客和其他相关方。质量管理的第一原则就是“以顾客为关注焦点”，这一原则的具体落实主要就体现在“绿色物流”过程中。在现实中，顾客最关心的是产品及其“绿色物流”的过程。

其次，“绿色物流”过程既有实物的输入和输出，也有信息的输入和输出。当然，其他过程也存在这两种输入和输出，但都没有“绿色物流”过程表现得直接、充分和具体。物流和信息流通过“产品实现”的融合，达到了实现组织目标的根本任务。若没有“绿色物流”过程，组织就没有立身之本，也不可能存在下去，体系依存的其他要素过程也就失去意义。

最后，在质量管理体系的“四大要素”过程中，“绿色物流”过程具有主导地位，是其他各过程要素的基础。其他过程的运作是围绕“产品实现”来运作的。在组织的诸多过程中，“绿色物流”不仅是直接实现增值转换的过程，而且也是创造方法、应用技术、优化组织形态、响应顾客满意的最典型的过程。质量管理所应用的过程控制和技术方法，在相当多的情况下，就是对“产品实现”过程精细化、标准化的控制和再造。尤其是为响应顾客的特殊需求，组织不得不以“绿色物流”过程为中心前伸后延，使整个体系过程围绕满足顾客要求、增强顾客满意度实施质量策划、目标设定、设计开发、采购、资源提供等一系列的管理或控制。

3.企业内资源循环利用的绿色协调过程

绿色质量管理体系模式中始终贯穿着资源循环利用的绿色协调过程，它伴随着“产品实现”过程并行进行。资源的循环利用过程包括两个方面：一是企业生产过程中产生的废弃物的循环利用；二是企业废旧产品的循环利用。

企业生产过程中产生的废弃物的循环利用，主要是针对废气、废水和固体废弃物进行循环利用。通过循环利用，使废弃物作为资源重新进入生产过程，重复性地多次实现其价值，并把污染物的排放降低到最低点，甚至实现污染物的零排放。废气的循环利用一般是把主要生产过程中产生的低热值废弃，进一步用于发电或加热，既节约了能耗，又减少了有害气体的排放；废水的循环利用是把废水经过净化处理达标后再次应用到生产过程中，而不是直接排掉，这样既可以节约用水，也大大减少了废水的排放量；固体废弃物的循环利用一般是作为原材料用于生产其产品，实现“资源—产品—再生资源”的循环型产业链，使资源尽可能充分地得到有效的利用，既降低了成本，又有效地保护了环境。

企业废旧产品的循环利用，主要是指废弃产品的回收再利用。在传统质量体系模式下，产品售出后就脱离了企业，不再与企业有关，企业从不关心废旧产品给环境带来的负面影响，也不会努力减少产品使用后造成的环境影响，不考虑废旧产品的回收利用成本，对整个生态系统来讲，这既不利于社会经济发展，也不利于环境保护。

4.企业之间绿色合作的潜在过程

绿色质量管理体系模式中的资源外部循环，是指企业生产过程中的副产品输出在不能被企业自身内部回收利用的情况下，或是产品寿命结束后的废弃物处理不能被企业再利用时，希望进入社会的合作中心组织；反过来，企业也可以从社会的合作中心组织获取所需的其他企业的副产品，实现企业间围绕资源循环利用的绿色合作。企业间的合作不是一种新现象，而当企业间绿色合作升级为不同企业间通过围绕生产性资源进行循环再生利用而开展的一种生态产业的经济合作模式时，就是一种新现象、新趋势、新课题。20世纪90年代以来，企业间的绿色合作行为随着全球环保意识的觉醒和生产资源的短缺在世界范围内不断兴起，其标志是工业共生体的数量增长和企业合作模式的不断创新。自20世纪70年代丹麦卡伦堡工业共生体出现以来，企业绿色合作发展迅猛。在工业共生过程中所建立的以工业副产品交换为纽带的网络效应，提高了资源的利用效率，降低了交易成本，建立了企业间的绿色合作关系。企业绿色合作的本质是以资源的循环利用为特征、以实现经济效益和生态效益为目标的新型组织关系与组织形式。总之，企业绿色合作体现共赢的企业竞争合作关系取代了单一的市场恶性竞争。

（三）绿色质量管理体系运行的特征

1.绿色质量管理体系的绿色需求外部驱动

绿色质量管理体系的驱动力量首先是满足消费者的绿色消费需求，这也是全面质量管理以顾客为关注焦点的原则和思想。其次，企业绿色生产要满足政府的绿色法规、标准的要求，这也是强制要求。

（1）顾客的绿色消费需求驱动

随着消费者消费水平的提升和国际绿色消费浪潮的推进，人们的绿色意识逐步提高，绿色需求不断强化，绿色消费日益走进人们的生活，成为大众化的消费潮流。而绿色消费浪潮也将对我国消费水平的提高、消费结构的改善和消费模式的重塑产生深远的影响。中国消费者协会提出绿色消费的概念主要有三个方面的含义：①倡导消费者在消费时选择未被污染或有助于公众健康的绿色产品；②在消费过程中注意对垃圾的处置，不造成环境污染；③引导消费者转变消费观念，崇尚自然、追求健康，在追求舒适生活的同时，注重环保、节约资源、实现可持续消费。

绿色消费观念决定了未来市场的消费趋势，绿色消费需求驱动决定了企业的生存和发展。生产企业把生产绿色产品作为企业发展方向，从产品设计、原材料选择、产品生产、包装、运输，到产品寿命结束的处理，在所有生产、销售和消费环节都考虑对消费者的健康是否有利、对环境是否有利，以绿色产品的形象赢得消费者的信赖，提高企业的持续竞争力。

（2）政府的绿色法规、标准要求驱动

绿色质量管理体系的建立应遵循国家及国际的环境法规、标准，将其作为相关的环境保护设计和工业制造的标准依据，从而规范企业自身的环境行为。环境法规依据一个国家的发展水平和环境状况来制定。国家的法律和规章通过“命令和控制”的手段以其权威性和普适性，要求所有公民和法人都知法、守法。环境标准在我国也同其他国家一样，在保护人类环境的一系列活动中发挥着重要作用，随着环境法规的逐步完善将进一步推动绿色质量管理体系的建立和健全。

2.绿色质量管理体系的“双零”目标内部驱动

（1）“零缺陷”目标

零缺陷管理，又称无缺陷管理（简称ZD），是被称为全球质量管理大师的美国管理思想家菲利普·克劳士比于20世纪60年代初提出的，定义了零缺陷质量的四项原则：质量的定义是符合要求；质量通过预防措施来达成；质量的执行标准是零缺陷；质量要用不符合要求的代价来衡量。“零缺陷”通常是泛指“零缺陷管理”，质量管理目标达到完美，没有致命缺陷或重大缺陷，轻度缺陷也很少，使产品用户得到最大限度的满意，为用户创造最大的价值。

绿色质量管理体系的“零缺陷”目标是基于全面质量管理的“零缺陷”管

理思想，生产者、操作者要努力使自己的产品、业务没有缺点，强调全员对产品质量和业务质量的责任感，一开始就本着严肃认真的态度把工作做得准确无误，而不是依靠事后的检验来纠正；生产中面向产品的开发设计、工艺规划、生产制造以及服务领域等各环节、各层次的全过程、全方位的管理，保证各环节、各层次、各要素的缺陷趋向于“零”。

（2）“零污染”目标

绿色质量管理体系强调企业树立绿色质量的理念。在“零污染”目标驱动下，企业实施集绿色需求识别、绿色设计、绿色制造、绿色包装、资源综合利用等一体化的低污染排放甚至零污染排放的管理模式，其核心思想是将污染物消灭在生产的工艺过程之中，从源头抓起，采用少产生和不产生废物的新工艺技术，减少污染物排放，大幅度削减末端治理。企业绿色质量管理背后的“零污染”目标将会推动企业实现节约、和谐、健康和环保的绿色质量战略。

绿色质量管理体系“双零”目标的并行发展，使企业的“零缺陷”质量管理思想与“零污染”环境管理思想互相融合，将缺陷预防与污染预防相结合，实现企业未来真正意义上的“零缺陷”，给企业带来长期的效益、持续的竞争力。

3.绿色质量管理体系的一体化管理思想

（1）“绿色”的和谐、节约、健康、环保思想

“绿色质量管理”中的“绿色”，包含和谐、节能、环保三个方面。绿色中的和谐蕴藏着和谐生万物，并使万物生机勃勃，绿色象征着生命，象征着人与人、人与社会、人与环境、企业与企业、企业与社会、企业与环境的和谐；绿色代表节能，绿色质量管理强调主动节约资源和能源；绿色代表着环保，绿色质量管理意味着质量管理活动对环境的负责；企业的节能、和谐与环保的思想行为意味着企业向可持续发展目标的努力，因此绿色象征着可持续发展。绿色本身包含的和谐、健康、节约和环保的一体化思想贯穿于绿色质量管理体系的始终。

（2）绿色质量管理体系的一体化管理

绿色质量管理体系的构建事实上贯穿了一体化的管理思想，绿色质量管理思想融入了质量管理思想、环境管理思想和安全健康的一体化思想；同时，它还蕴藏着和谐管理思想、战略管理思想和可持续发展的管理思想。对企业管理者而言，无论是哪个管理体系，都是在一个企业内部，在同样的人员、同样的产品和同样的生产过程之中，只不过是强调管理的侧重点不同，但各方面都是企业总体管理的组成部分。因此，各个体系的建立和运行只能有机结合、协调发展，而不

能互相割裂、各自独立。从企业管理者的角度来看，不过是建立和运行一个能同时满足各个标准要求的综合管理体系，那就是绿色质量管理体系。它可以同时满足任何认证机构的认证要求。

4.绿色质量管理体系的持续改进

（1）企业利益的持续改进

绿色质量管理体系的运行遵循PDCA循环思想，要求在企业整体上执行“Plan–Do–Check–Action”循环，而各个部门也要有各个部门的“Plan–Do–Check–Action”循环，每循环一周，质量水平都要上升一个新的台阶。

（2）企业环境效果的持续改进

在ISO14001标准中，“持续改进”的定义为：“强化环境管理体系的过程，目的是根据组织的环境方针，改进整体的环境绩效。”同时，指出体系运行的评价应从三个方面考虑：充分性、适宜性和有效性。由于许多组织只是把获得认证当成最终目标，在运行体系的过程中难以做到持续改进。而绿色质量管理体系的建立本身蕴含着和谐、环保的发展思想，可以充分考虑到企业的环境保护问题。

第五章　企业项目管理策略

第一节　项目和项目管理的概念

一、项目的概念

项目是一个特殊的、将被完成的有限任务，它是在一定时间内，满足一系列特定目标的多项工作的总称。也就是说，项目是多任务、一次性的工作，具有明确的开始和结束日期、特定的工作范围、预算和要实现的具体性能水平。这个定义包含三层含义：第一，在一定的组织机构内，利用有限资源（人力、物力、财力等），在规定的时间内完成任务；第二，项目具有特定的环境要求，是一项有待完成的任务；第三，任务要满足一定性能、数量、质量、技术指标等要求。

二、项目的组成要素

项目由以下五个要素构成：项目的范围、项目的组织、项目的质量、项目的费用和项目的时间进度。在项目的五个要素中，范围和组织是最基本的，而质量、费用、时间进度可以有所变动，是依附于范围和组织的，下面分别介绍这五个要素。

（一）项目的范围

项目的范围是指为了达到项目的目标所必须完成的工作。简单地说，确定项目的范围就是为项目确定一个界限，即确定哪些方面是属于项目应该做的，哪些方面不应该包括在项目之内，从而定义项目管理的工作边界，明确项目的目标。

在项目环境中，“范围”一词包括两方面的含义：一是产品的范围，即产品或服务所包含的特征或功能；二是项目的范围，即为交付具有规定特征和功能的产品或服务所必须完成的工作。在确定范围时首先要确定最终产生的是什么，它具有哪些可清晰界定的特性。特性必须表达清晰，以认可的形式表达出来，比如文字、图表或某种标准等。在此基础之上进一步明确需要做什么工作才能产生所需要的产品，也就是说产品的范围决定项目的范围。

（二）项目的组织

项目是按照目标以一定的形式组建起来的，由组织各部门调集专业人才，并指派项目负责人在特定时间内完成任务。所有成员仅向项目经理负责，不再听命原部门主管指挥。待项目完成后，所有成员再回到原组织单位。

（三）项目的质量

从项目作为一次性的活动来看，项目的质量体现在由工作分解结构反映出的项目范围内所有的阶段、子项目、工作单元的质量上。把项目作为一项最终产品来看，项目的质量体现在其性能或者使用价值上，也即项目的产品质量上。

项目活动是应业主的要求进行的。不同的业主有着不同的质量要求，其意图已反映在项目合同中。因此，项目质量除必须符合有关标准和法规外，还必须满足项目合同条款的要求，项目合同是进行项目质量管理的主要依据之一。

（四）项目的费用

项目的费用是指完成项目各工作所需资源（人、材料、设备等）的总成本。

（五）项目的时间进度

项目的时间进度是指计算完成项目中各项工作的时间占预计总时间的比例，从时间方面估计项目完成的进度。

三、项目的一般特点

（一）明确的目标

每个项目都有自己明确的目标，为了在一定的约束条件下达到目标，项目经理在项目实施前必须进行周密的计划。事实上，项目实施过程中的各项工作都是围绕项目的预定目标进行的。

（二）独特的性质

每个项目都有自己的特点，每个项目都不同于其他项目。项目所产生的产品、服务或完成的任务与已有的产品、服务或任务在某些方面有明显的差别。项目自身有具体的时间期限、费用和性能质量等方面的要求。因此，项目的过程具有自身的独特性。

（三）资源成本的约束性

每一项目都需要运用各种资源来实施，而资源是有限的。

（四）项目实施的一次性

这是项目与日常运作之间最大的区别。项目有明确的开始时间和结束时间，项目在此之前从来没有发生过，而且将来也不会在同样的条件下再发生。

（五）项目的确定性

项目必须有确定的终点。在项目的具体实施中，外部因素和内部因素总是会发生一些变化，当项目的目标发生实质性变动时，它就不再是原来的项目，而是一个新的项目。因此，项目的目标是确定的。

（六）特定的委托人

特定的委托人既是项目结果的需求者，也是项目实施的资金提供者。

（七）结果的不可逆转性

不论结果如何，项目结束了，结果也就确定了。

（八）危险性

项目管理与日常运营管理不同，在项目开展过程中，项目所需的各种条件和所处环境都会有所变化；同时，人们认识问题也存在一定的局限性，从而会使项目的实际情况与预期目标产生一定的偏差，这就造成了投入与回报的不确定性。一个项目就是一次独一无二的冒险。

（九）创新性

因为项目具有独特性，这就需要项目进行不同程度的创新，而在创新过程中肯定会包含一定的不确定性。

四、项目管理的概念与意义

项目管理是指项目的管理者在有限资源的约束下，运用系统的观点、方法和理论，对项目涉及的全部工作进行有效的管理，即对从项目的投资决策开始到项目结束的全过程进行计划、组织、指挥、协调、控制和评价，以实现项目的目标。

现代项目管理知识体系包括许多方面的内容，这些内容可以按照多种方式去组织。从管理职能角度来看，可将现代项目管理知识体系划分为九大职能领域，包括：项目整体管理、项目范围管理、项目时间管理、项目费用管理、项目质量管理、项目人力资源管理、项目沟通管理、项目风险管理和项目采购管理。

项目管理能够给我们带来什么好处呢？主要有以下几点。

（一）合理安排项目进度，有效使用项目资源，确保项目能够按期完成并降低项目的成本

项目成本通过工作分解结构、网络图和关键路径、资源平衡及资源优化等一系列项目管理方法和技术，可以尽早地确定项目的任务组成，并合理安排各项任务的先后顺序，有效地安排资源特别是项目中的关键资源和重点资源，从而保证项目的顺利实施，并有效降低项目的成本。

（二）加强项目的团队合作，提高项目团队的战斗力

项目管理提供了一系列人力资源管理、沟通管理的方法，如人力资源的管理理论、激励理论、团队合作方法等。通过对这些方法的使用，可以增强团队合作精神，提高项目组成员的工作士气和效率。

（三）降低项目风险，提高项目实施的成功率

通过项目风险管理可以有效降低不确定因素对项目的影响。这些工作是在传统的项目实施过程中最容易被忽略的，也是会对项目产生毁灭性后果的因素之一。

（四）有效控制项目范围，增强项目的可控性

在项目实施过程中，需求的变更是经常发生的。如果没有一种好的方法来进行控制，势必对项目产生不良影响，而项目管理中强调进行范围控制，设立变更控制委员会和变更控制系统，能有效降低项目范围变更对项目的影响，保证项目的顺利实施。

（五）尽早发现项目实施中的问题，有效地进行项目控制

项目计划、执行状况的检查及PDCA循环的应用，能够较早地发现项目实施中存在和隐含的问题，可以使项目决策更加有依据，避免项目决策的随意性和盲目性。

（六）有效地进行项目知识积累

传统的项目经常在项目实施完成时就戛然而止，缺乏对项目实施进行总结和技术积累的环节。知名跨国公司之所以运作得很成功，除了有规范的制度，还有一个因素就是有比较好的知识积累。项目管理强调项目结束时要进行项目总结，这样就能将更多的公司项目经验转化为公司的财富。

总体来讲，项目管理可以使项目顺利地实施，降低项目的风险性，最大限度地达到预期目标。

五、项目管理模式

项目管理模式是指将管理的对象作为一个系统，为了使系统能够正常运行，并确保其目标的实现，而运用的项目组织和管理方式。项目管理通常具有几个固定的阶段，启动、计划、执行、控制、结束五个阶段的项目管理模式使用得比较普遍。

六、项目管理体系

早期的项目管理主要关注的是成本、进度（时间），后来又扩展到质量。最近十几年，项目管理逐渐发展成一个单独的管理学科分支，涵盖了九大知识体系：项目整体管理、项目范围管理、项目时间管理、项目费用管理、项目采购管理、项目风险管理、项目人力资源管理、项目沟通管理、项目质量管理。

七、相关理论

（一）关键路径法

关键路径法（Critical Path Method，CPM）是一种基于数学计算的项目计划管理方法，是网络图计划方法的一种，属于肯定型的网络图。关键路径法将项目分解成多个独立的活动并确定每个活动的工期，然后用逻辑关系（结束—开始、结束—结束、开始—开始和开始—结束）将活动连接，从而能够计算项目的工期、各个活动时间特点（最早最晚时间、时差）等。在关键路径法的活动上加载资源后，还能够对项目的资源需求和分配进行分析。

（二）工作分解结构

工作分解结构（Work Breakdown Structure，WBS）是项目管理重要的专业术语之一。工作分解结构是以可交付成果为导向对项目要素进行的分组，它归纳和定义了项目的整个工作范围，每下降一层代表对项目工作的更详细定义。工作分解结构总是处于计划过程的中心，也是制订进度计划、资源需求、成本预算、风险管理计划和采购计划等的重要基础。工作分解结构同时也是控制项目变更的重要基础。项目范围是由工作分解结构定义的，所以工作分解结构也是一个项目的综合工具。

（三）并行工程理论

并行工程是集成地、并行地设计产品及其相关过程（包括支持过程和制造过程）的系统方法。这种方法要求设计和项目管理人员在一开始就考虑产品从概念形成到产品报废整个生命周期中所有因素，包括质量、成本、进度计划和用户要求。并行工程的目标是提高质量、缩短产品开发周期、降低成本，加快产品上市时间。并行工程的具体做法是：在项目初期，组织各个项目组及项目组的相关人员能协同工作，使相关人员在项目一开始就获得对新产品需求的要求和信息，积极研究涉及本项目的具体情况，并将所需要求提供给项目人员，使许多问题在项目开发初期就得到解决，从而避免大量的返工浪费，保证设计的质量。

八、项目管理的方法

项目管理方法是关于如何进行项目管理的方法，是可在大部分项目中应用的方法。在项目管理方法论上主要有：阶段化管理、量化管理和优化管理三个方面。

（一）阶段化管理

阶段化管理也就是通常所说的里程碑管理。里程碑是一个以目标为导向的模式，它表明为了达到特定的里程碑需要完成的一系列活动。里程碑管理是通过建立里程碑和检验各个里程碑的到达情况，来控制项目工作的进展和保证实现总目标。

简单地说，里程碑是完成一个阶段工作后可以看到部分结果的检查点，每一份交付物就是一个里程碑。里程碑也是阶段性目标，是团队阶段性工作完成的标志，对于任何一个里程碑都应该给予认真的检查，避免出现问题而导致项目进度停滞。

使用里程碑管理还有一个好处，就是将大项目分成若干里程碑式的重要阶段时，可在各重要阶段之间预留缓冲时间。使用缓冲时间，可以很好地在项目未来实际执行进度和预计进度之间取得平衡。一般来说，在项目中我们需要为意外事故保留“缓冲时间”。缓冲时间有助于一个项目适应意料之外的事件。例如，缓冲时间可以用于弥补进度延误，或者是技术困难，或者是由于疏忽而忘记把任务写入进度，或者是未料到的难题而形成的时间损失，这种应对突发事件的缓冲时间在开发和稳定化过程中是每一个主要里程碑的一部分。

众所周知，里程碑是项目进度控制中的一个极为重要的概念，也正因如此，人们也会由于过于依赖里程碑，反而使项目进度落空。“里程碑陷阱”表现为人们在项目的里程碑被设定以后，认为“目标管理是只问结果，不计过程”，从而忽视对过程的监控而导致项目里程碑不能按期达到。那么我们应该如何实施里程碑管理呢？

里程碑一般是项目中完成阶段性工作的标志，不同类型的项目，里程碑也不同。其精髓首先是将大项目划分成若干个子项目或若干个子阶段；其次，是通过每一阶段对各人员角色职责的考核和监管，以保证项目过程的进度和质量。

项目进度是以里程碑为界限，将整个项目进度分为若干阶段。根据里程碑的完成情况，适当地调整每一个较小的阶段的任务量和完成的任务时间，这种方式非常有利于整个项目进度的动态调整，也利于项目质量的监督。

在里程碑管理方式下，因为按子项目或子阶段来划分里程碑，每一个子项目都会经过一定的稳定化阶段。当再进入第二个子项目的时候，就是基于以前一个相对稳定的子项目基础之上，这样就将风险或错误的累加分散到最低。以局部的进度控制和质量控制来保证整体项目进度的稳定，使质量和进度得以很好的控制，这就是里程碑管理的优秀之处。

里程碑管理也可以称作项目实施进度管理模式，一旦项目立项确定，需要做的第一件事情就是确定项目进度的里程碑。在里程碑中应清楚地定义每一个阶段的开始时间、结束时间、负责人和阶段的提交成果。

因此，里程碑是项目经理进行项目进度控制的主要依据，里程碑一旦确定，各相应负责人应确保按时交付成果，这样既便于明确各个角色的责权范围，也有利于按时完成任务。

我们也经常看到许多项目进度中都像模像样地设立了里程碑，但实际上最大的问题在于许多里程碑没有设定相应的验证标准。因此，需要给出一个清晰的验证标准，用来验证是否达到里程碑。

在标识里程碑时，要根据里程碑完成情况标明交付成果的进度。更通俗地讲，就是让每个里程碑带上一个百分比，清楚地告诉团队通过这个里程碑说明项目完成了多少。当然随着项目进度的动态变化，对未达到里程碑的也应该作出相应的调整。

（二）量化管理

量化管理也很重要，在公司的运作方面，应尽可能地进行数量化，做到责任清楚。在项目实施过程中，时常会碰到这种问题：客户对前一阶段内的工作成果认为符合要求；对后一阶段内的成果就认为不对或存在严重的问题；再就是虽然存在问题，但通过改进后还能使用；等等。那么其中的问题出在哪里，责任该由谁负，责任又有多大呢？为此必须把各种目标、投入、成果等分类量化。比如，用明确的模块或子系统表达客户的需求，精确计算到每阶段所需的人力、物力、财力等。把各种量化指标存入数据库，就能够轻而易举地解决上述的问题了。每个阶段都有清晰的量化管理，也非常有利于整个项目进程的推进。

（三）优化管理

优化管理是分析项目每部分所蕴含的知识、经验和教训，更好地发扬项目进程中的经验，吸取教训，在全公司传播有益的知识。再如前面例子，前一阶段的工作由于管理得好，工作能顺利完成并符合要求，就应该使这一阶段内的管理经验和知识更好地发挥成效。后面部分的工作为什么不成功？是客户的需求没提清楚，是理解的错误，还是设计的问题？对这些问题的分析有利于进一步优化项目管理。

第二节　企业项目管理团队建设策略

管理学家彼得·德鲁克曾说过“现代企业不仅是老板和下属的企业，而且应该是一个团队”，每个团队成员都是决定项目成功与否的关键因素。现代企业很多工作都是通过“建设团队”这种工作方式来开展的，项目团队不仅是现代企业管理中必不可少的组织细胞，而且也是影响和改变团队成员态度和行为的重要过程，因此企业项目管理必须面向团队建设。

一、企业项目管理团队建设的含义和特点

（一）从企业项目管理角度理解团队的含义

"项目管理"是一种通过项目领导和项目团队的共同努力，运用系统的理论和科学的方法，为实现项目目标，对项目及其资源进行计划、组织、协调、控制的特定管理方法体系。项目管理具有以下三个基本特点。

（1）复杂性。项目管理作为一项复杂的、高系统风险的工作，由多个部分和环节构成，其工作涵盖多种职能，需要运用多学科的知识和技能来完成任务。

（2）创造性。创造性体现在在积累和继承前人的知识、经验和成果的基础上，综合多种技术和多学科成果，实现飞跃式发展。问题解决方案和新的构思能够贮备企业经验和能力，在不断探索的过程中，企业应对外界风险和变化的能力也随之增强。

（3）目标管理。项目管理是一种多层次、可分解的任务目标管理方式。由于项目涉及的专业领域非常广泛，没有人能够成为每一个知识领域的专家，项目管理需要综合协调、授权与被授权，其实现方法具有很大的灵活性。

任何项目的开展都离不开项目参与者的组成，任何人都不是孤立存在的，而是在组织和群体之中以组织或团队的身份和他人交往。团队不同于一般群体，它是由多名技能互补成员组成的、彼此协作完成共同承诺的目标的、凝聚力很强的特殊群体，它体现了目标性、合作性、组织性、凝聚性的特征。常见团队类型有很多种，比如问题解决团队、跨职能团队、自我管理团队等。

项目管理团队是为了实现共同的目标、保障项目的有效协调实施而建立起来的团队，团队成员只有围绕共同明确的目标同心协力、分工明确、组织有序、形成合力，才能成为有效协作的团队。项目管理内容涵盖了项目范围、时间、费用、质量、风险、人力资源等诸多方面；项目团队的具体职责、组织结构、人员构成和资源配备等方面的具体内容，会根据项目的任务、难易程度、规模大小和周期长短而有所不同。因此，企业项目管理团队建设是一件非常有难度的工作，它需要把一个个独立性很强的个体打造成一个凝聚力很强的高效项目团队。

（二）结合企业项目管理把握团队建设的含义

项目管理团队建设是指担负项目管理使命的团队成员为实现预期项目目标，通过特定的模式组织起来持续不断共同合作的过程，这个过程包括了领导、管

理、合作等多个方面的工作。与项目的生命周期理论中的五个阶段同步，项目管理团队建设一般也要经历从初创期向磨合期发展，从规范期向成熟期演进，最后经历解散期等不同的过程和环节。

项目管理团队建设是项目领导和项目管理团队成员的共同责任，在团队建设过程中应努力培养一种开放的观念和自信的态度，增强全体团队成员的统一感和责任感。项目管理团队建设要结合做好团队成员思想工作主线，把团队建设活动融入日常项目管理工作之中，把项目目标的实现作为项目管理团队建设成果的检验之一，发扬团结合作的精神。实践证明，团队成员之间相互了解和融合越深，团队建设就越出色。团队建设在促进团队成员间相互交流、沟通合作的同时，也为成员的社会化创造条件；团队成员通过团队建设也主动积极地创造条件，增强沟通和融合，团队成员的社会化同时也会促进团队建设。

（三）企业项目管理团队建设的特点

企业项目管理团队建设由于自身的复杂性和特殊性，主要有以下五个特点。

第一，项目团队具有临时性、一次性的特点。项目是一次性的活动，项目组织（团队）也是临时性的，像人一样具有生命周期。项目团队建设的基本目的是为项目管理过程服务的，当项目任务完成时，团队的使命也就结束了。

第二，项目团队具有任务性、目标性的特点。拥有不同能力、才能、经验和背景的成员，拥有共同的项目目标，虽然他们有很多个体差异，但是共同的目标把他们凝聚成一个团队，依靠凝聚力和协作来完成整体性的目标。

第三，项目团队具有弹性化、灵活性的特点。项目管理组织具有柔性的、可变的特点，可以根据需要适时调整其资源配置和结构。在项目生命周期的各个阶段，项目团队都会出现不同的矛盾和特点。项目团队建设打破了传统的、固定的组织形式，采用这种弹性的方式，可以最大限度地优化资源配置，根据项目任务特点，需要时将成员召集到团队，任务完成后他们又回到各自的职能部门；同时，实现目标的方式也是弹性的。

第四，项目团队具有扁平化、平面化的特点。项目运作的特点不是通过等级命令体系来实施的，而是使权力中心下移，面向问题的解决，更加高效地运作。

第五，项目团队具有多元化、跨学科的特点。团队中的不同个性、不同才能和不同特长的成员构成了团队的多元性，这样可以优势集中、相互补充，从不同角度保证目标的实现，形成远远大于个体功能相加的系统功能。系统功能的释放依赖于部分功能的充分发挥，项目团队的成功与团队成员的特长和贡献密不可分，所以项目团队不是压抑个体的特长发挥，而是鼓励和有助于个体特点的表现和发展。总之，项目团队的人才越丰富，组成的团队就越出色。

二、企业项目管理团队建设的内容与原则

（一）企业项目管理团队建设的内容

企业项目管理团队建设的过程包含了团队协作、团队管理和团队领导的过程的统一。企业项目管理团队建设的整个过程中，协作、管理、领导是不可缺少的组织内容。团队的创建阶段就包含了这三个方面，分别体现在团队目标确定、团队成员配置、角色分析、人员融合上。在团队的成长阶段这三个方面体现在发展团队工作能力、团队规范、互信互助的团队精神上。在团队的成熟发展阶段这三个方面体现在保持和改善团队品质、团队价值和凝聚力上。

从项目团队创建开始，团队建设就离不开良好的协作、管理、领导，而协作、管理、领导的优劣直接关系到项目管理的成败。项目领导和项目管理的水平决定了项目团队协作的质量，一个优秀的团队使项目领导的见解和项目管理的决策更具有价值。

（二）企业项目管理团队建设的原则

要保证项目成功，关键在于项目管理团队必须坚持基本行动准则。归纳起来，主要的观点包括：①以客户为中心；②明确的目标；③规范工作流程，加强指导、约束性；④促进相互交流和沟通、形成相互信任的关系；⑤分工明确、责任清晰；⑥强化决策机制和问题处理机制；⑦及时高效地反馈信息；⑧加强学习、持续发展。

结合项目管理的特点，项目团队建设应体现两个主要的原则。第一，科学有效地管理原则：根据问题的复杂程度，决定项目团队的规模大小、管理宽度、授权程度。第二，效益和效率原则：效益体现了项目团队交付的成果和成效，即“做正确的事”；效率体现在在单位时间内取得成果的过程中对各类资源的利用率、团队成员的工作效率等，即“正确地做事”。

在企业项目管理团队建设过程中还应当根据实际情况有重点地把握其他各种建设原则。比如，权责相称原则：规定职务上所行使的权利与相应职务所履行的义务需要保持对等。人力资源合理配置原则：团队成员的才能要与其职责相当，

人尽其才，物尽其用。理想的项目团队要具有灵活性，可以适时调整和改造。简单层级管理原则：项目团队成员尽量实行“一元化”——直接上级领导的层级关系，避免多头指挥所引起的无所适从的混乱局面。

企业项目管理团队建设没有固定的模式，应根据项目的特点、不同的内外部条件，采用不同的建设方式。无论具体情况存在何种差异，项目团队建设的总体要求应当从实际出发，保证项目稳定、高效运行，成功实现项目目标和企业可持续发展。

三、企业项目管理团队建设的体系与机制

（一）企业项目管理团队建设的体系

项目管理的理论综合体现了系统工程的思想。项目作为一个完整的系统存在于项目管理过程之中。根据系统论中“整体—分解—综合”的原理，项目系统能够被分解成许多的单元部分，比如任务单元、目标单元、成本单元、技术单元、质量单元、运营单元等。项目团队成员分别按照各自任务完成各个目标单元，通过汇总和综合，由团队来交付最终的成果。项目管理是一个有着完整生命周期的过程，部分和整体都不应当被忽视，在项目的任何阶段和方面，部分的失误往往会被系统地放大而造成总体结果的失败。

同样，企业项目管理团队建设也应当用系统的方式去分析、综合地思考和处理。从设计团队组织结构、分工和授权、控制和决策、激励和沟通，到目标管理等，任何方面都需要系统地结合团队工作和建设方式综合思考。

1.企业项目管理团队建设的规划

企业项目管理团队建设的规划是指根据企业项目管理的目标和过程、企业内部和外部环境的变化（组织性、技术性、人际性、政治性、后勤、保障等），预测团队建设的需求以及为完成这些需求所采取的活动，即企业项目管理团队建设的布局和安排及对项目的影响。具体内容包括：团队角色与职责、岗位、组织、成员配置计划（成员组建、时间表、成员遣散安排、奖惩、培训需求、合规性、环境、安全等）等。

2.企业项目管理团队建设的组织结构体系

团队的职责权力、成员的角色在很大程度上取决于项目组织结构。很多工作不属于任何一个部门，但是又属于所有的部门；任何一个部门都不能单独做一项

工作，但是所有的部门又必须都能参与这项工作。企业项目管理主要有三类组织结构：职能式组织结构、项目式组织结构、矩阵式组织结构。

项目管理是一个复杂的管理过程，项目团队组织结构的设计要有利于项目的综合协调和控制，才能保证项目总体目标的实现。目前的项目团队组织结构多为矩阵式结构，而非直线职能式结构。

3.企业项目管理团队建设的资源配置

保证项目团队获得完成项目目标所需的各种资源，如物质资源、人力资源、财务资源等。如果缺乏相关的资源，项目团队则难以取得成功。资源的合理配置依赖于知识型员工作为有效载体，否则无法实现信息与知识的利用、价值的创造与增值，更无法形成企业竞争力。由于个人资源具有局限性，无法独立完成项目目标，所以项目的开展必须以团队方式进行。组织团队的原则在于资源的相互补充，这也体现出项目团队是一个有机体整体和具有跨学科的特点。

4.企业项目管理团队建设的绩效体系

项目任务目标是项目团队绩效管理的重要前提，它包含了宏观远景和微观具体目标。项目目标的设定既要体现SMART原则，还要采用合理的项目目标分解结构。绩效管理指标以项目目标为核心，是构成绩效体系的关键要素。项目目标体系的建立要按照时间和空间顺序形成立体、有机的结构，更多地采用协商的方式征求团队成员的认可，提高各级项目成员对目标的认同度，明确各级目标在目标系统中的不同地位和作用，这将会有助于处理好个人责任和团队责任、个人利益和团队利益之间的关系，充分调动项目团队成员工作的积极性、主动性和创造性，使团队目标在集体和个人层次上保持一致，促成团队整体绩效目标的实现。团队发展状况也应当纳入团队绩效体系中考察。团队的精神、文化、品质等无形指标和要素反映了项目团队的结构和过程特征、团队心理和行为特征。团队建设中的绩效体系指标的建立，应根据实践情况更加开放和动态地构建。因此，绩效测评的指标清单需要根据项目的实际情况和质量进行调整和增加，建立科学的绩效指标体系是做好数据收集整理、分析评价的前提，是保证团队绩效体系运行的重要环节。

5.企业项目管理团队建设的培训发展体系

第一，培训发展体系是对项目团队成员的核心专长与技能的重要支持，也是对企业项目核心竞争力和竞争优势的支撑。它结合了项目目标和成员需求，通过培训需求分析、培训计划制订、培训组织实施、培训效果评估等一系列的环节，使团队成员从培训中获得新的知识技能，增强了团队的职业道德感和团队成员自我价值。

第二，培训发展体系更侧重于团队成员成就和成长的培养。吸引和留住知识型人才的重要因素不再停留在简单薪资水平上，发展能使团队成员从工作中获得大量的满足感，发展机会是激励知识型员工更具影响力的因素，它体现在项目管理中充分参与决策和管理、承担更多的责任、个人发展的机会、更多的工作自由和尊重等很多方面。在现代项目管理中，专长的知识型团队构建是出于自主的双向选择，越来越多的企业和项目管理团队认识到彼此是一种合作伙伴关系。企业项目管理要求团队成员在项目周期内作出贡献和保持忠诚，项目团队成员则希望在追求企业发展和自我成长中实现“双赢”关系，而培训发展体系能够有效地给团队提供良好的发展平台。

（二）企业项目管理团队建设运行的机制

“机制”一词最早来自希腊文，原意是指人们为了达到某种目的而制造的工具和采取的手段的总称，即事物发挥作用的机理和原理。企业项目管理团队建设运行的机制在本质上就是要揭示各系统要素通过什么样的机理来整合项目团队，以及整合项目团队资源之后达到的状态和效果。

1.引导机制

引导机制通过明确项目对成员的期望和要求，使成员能够正确地选择自身的行为，最终能够将项目成员的努力和贡献纳入帮助完成企业项目目标、提升其核心能力的方向上来。在项目团队建设的引导机制构建中应重点注意规范与制度、责任和能力、分权与授权方面的建设。

2.激励约束机制

激励约束是现代企业项目团队建设的重要内容，正确把握激励约束的构成要素对建立有效的激励约束机制至关重要，有助于明确激励约束的主体、激励约束的客体、激励约束的方法、激励约束的目标、激励约束的环境条件，以激励团队取得成功。

项目团队建设中要充分运用多元化激励方式。项目团队建设中不仅要考虑企业内部约束，还要考虑市场约束、环境约束、法规约束、银行约束等外部条件，以合理分析和判断各种约束条件产生的影响。

激励与约束的作用是相辅相成、辩证统一的。如果没有激励就无法调动团队成员的积极性，项目团队的发展就会失去动力；同时，团队成员的行为要受到约束，对自己的行为后果承担责任。在实际项目工作中，需要分析具体情况，在激励或者约束之间合理运用，把二者有机地结合起来，实现激励与约束的兼容，充分调动项目团队的积极性，保持项目团队利益的一致性。

3.竞争机制

竞争机制是一种优胜劣汰的手段和方法，在一定条件下项目管理团队建设中引入竞争机制能发挥很大作用。项目团队建设过程中必要的竞争危机感可以促进团队的整体性发展。项目团队建设应综合利用多种竞争方式，如采用竞聘制、合同聘任制等多种形式，强化竞争的积极作用。同时，团队建设中还要运用淘汰制以促进内部人力资源要素的合理流动，淘汰不能创造价值的成员。团队建设中的淘汰制需要采用更为人性化的方式在组织内部消化和运转，如降职、调岗等手段，以提高淘汰制的科学性和可行性。引入团队竞争机制的意义在于强调超越自我，通过竞争促进相互协作，使项目团队更加快速和健康地发展。

4.合作交流机制

沟通交流和合作协调是项目管理团队建设成功开展的保障。通过合作协调机制能提高团队的协同力和冲突管理水平，沟通交流机制则能有效地建立顺畅的信息传递渠道和互动平台，有利于在项目团队中营造和谐的氛围。

5.群体决策机制与持续改进机制

群体决策机制是民主集中原则的体现，在项目团队中引入群体决策机制能扩大项目团队成员的参与度和认可度，所形成的决策更能体现团队的整体意志。持续改进机制存在于整个项目管理团队建设的过程中，同时体现了项目管理团队建设各个方面的内容，是一项需要长期推进的工作。

四、企业项目管理团队建设的总体思路和发展对策

（一）企业项目管理团队建设的总体思路

1.团队建设与企业项目管理体系过程统一是基础

团队建设与企业项目管理体系过程统一的关键是要在项目管理实践活动中开展。根据英国管理学思想家雷吉·雷文思（Reg Revans）创建的行动学习法（action learning），可以充分说明项目实践是过程统一的基础。公式L=P+Q描述了行

动学习法的理念，即行动学习法的习得（L）是通过实践相关专业知识（P）和提出具体深刻问题（Q）相结合来完成的，“行动学习就是驾驭团队的力量在学习的过程中完成有意义的任务目标”。实际上，团队获取管理经验的最有效和直接的办法就是通过直接的团队项目的操练，而并非专门通过课堂教学。它把实践活动作为重点，把团队学习作为途径，以案例经验作为对象，以角色扮演作为手段，以团队决策作为要求，以分析汇总作为形式。边干边学、边想边做，把项目工作和学习有机结合起来，从工作中发现问题、分析问题、解决问题、总结经验、持续提高。

团队建设的有效方式就是在项目管理过程中解决现实的问题。每次处理一个具体的问题，团队就会全力以赴找到解决问题的多种方案，并努力实施最终确定的方案。通过分享成功的经验和失败的教训，积累长期的宝贵经验，使团队成员能够更加娴熟地利用自己的专业技能和经验找到解决问题的方法；在完成任务的工作中，通过解决问题、克服障碍，团队成员能够获取新的知识技能和提高学习能力，形成高度的共识和理解，从而更加紧密地团结在一起。

2.完善企业项目管理团队建设体制是关键

目前，大多数的项目团队建设途径都或多或少体现了人际关系途径、角色界定途径、价值观途径和任务导向途径，即在项目团队成员之间形成社会意识，相互倾听、彼此交流；明确团队成员分担的项目责任，正确理解自己在团队中的定位和严格执行规范；在团队中形成对价值和目标的共识；强调团队的任务和项目团队成员对项目目标的贡献。有研究表明，采用不同方法的成功率不尽相同。

无论通过哪些途径开展团队建设，良好的体系和机制是企业项目管理团队建设成功的根本。如前文所述，团队建设规划体系、组织结构体系、资源配置体系、绩效体系、培训发展体系构成了企业项目管理团队建设的主要体系；引导机制、激励约束机制、竞争机制及沟通交流机制、合作协调机制、持续改进机制的有效运行是团队建设的保障。

团队建设要完善有效的管理体系与运行机制，同时消除体制僵化的弊端。从系统观点出发，加强制度建设，推行科学管理，形成民主高效、开放灵活的适应项目团队建设特点的管理体制，是开展企业项目团队建设的关键。

3.形成多角度融合的企业项目团队建设方式

在多元文化和快速发展的时代，“学习观、发展观、和谐观、创新观、危机观、系统观、效率观、战略观”等一系列的观念和理论不断丰富和拓展我们的思维与工作。团队建设工作的复杂性需要我们用更加尊重、理解、包容的态度和行为去对待各种方式，多角度融合地全力打造企业项目管理团队。

实践中每个项目团队都会有自己的特点和面临的具体问题，如果采用僵化和固定的模式，在实际的过程中难有成效。每一种固定的模式在理论上都是可行的，在一定条件下和一定范围内是有效的，但是不同的项目团队有不同的侧重点和障碍，所以综合利用各种方法的效果一定优于单一的途径。

尽管建设方式的有效性取决于项目团队的环境、项目团队特点、项目任务的类型等多种因素，但是无论何种建设方法都体现在社会认同机制中。企业项目团队建设要把多元化的因素融入社会同一性上来，这不仅要在团队建设外部体现社会认同度，而且要在项目团队建设内部形成成员的高度融合，以增强团队的凝聚力和执行力，增进团队成员的认同感、归属感和奉献精神，从而实现企业项目管理团队建设方式的多角度融合。

4.企业项目团队建设要符合社会发展趋势的要求

本节归纳了五种目前企业项目团队建设的发展要求。第一，积极主动的团队管理。第二，动态发展的团队建设。第三，持续改进的团队建设。第四，开放共享的团队建设。第五，扁平化的团队模式。

积极主动的团队管理着重于尊重和激发团队成员的智慧，提高其自主参与度。动态发展的团队建设是基于权变理论，提倡整合多种变量、平衡动态差异、权宜应变的管理方式。持续改进的团队建设可在一定程度上克服项目生命周期的弊端，有助于保留经验、反馈改善、提高绩效。开放共享的团队建设能通过沟通交流和相互学习，分享知识和信息。团队的扁平化有助于提高决策程度，使行动更迅速、灵活。

社会是不断进步和发展的，面对新的情况和问题，项目团队建设的要求不仅要纳入社会关系范畴中考察，而且要随着社会环境的变化不断地更新和提高。企业项目团队建设要立足现实，做好调适和应对的准备，顺应时代发展的趋势和要求。

（二）企业项目管理团队建设的发展对策

1.推行创新型组织结构类型，打造更为高效的团队建设模式

（1）混合型团队

混合型组织结构的最大特点就是在项目管理团队中，将职能式组织的项目结构和项目式组织的项目结构兼容并用。混合型组织结构应用于项目团队建设的优

势之一就是其灵活性，因为可以把那些刚启动且并不成熟的项目安排在某个职能部门的下面，随着团队建设的发展，当条件成熟之后，把职能式的组织结构转化为项目式的组织结构，最后还有可能设置为一个单独的部门。混合型组织结构能灵活有效地根据项目实际情况采取不同的组织形式来适应变动的环境。

由于项目组织结构是项目团队建设内容的一个重要部分，它反映了相关项目要素的结合形式、项目功能的结构特点，也体现了项目职能的横向与纵向联系。伴随着项目的进程，各个项目要素的结合分化都是处于不断的变化更新之中；由于项目具有一次性的特点，项目团队也会经历组织结构的设计、运行、更新、终止的环节，因此项目团队组织结构也应该是一个动态变化的过程。要使项目管理工作合理有序地开展，就需要根据实际情况建立合理的组织结构，保证组织结构的建立能客观反映项目目标任务和规划，保证有效的决策和运行控制。

（2）创新型团队

创新型工作团队管理通过淡化集权、鼓励成员间的合作来完成各项任务。创新型工作团队强调共同宗旨和绩效目标，通过打破原有的部门之间的界限，改变信息链传递和运作方式，让团队成员的思维和工作能够更接近企业的战略目标和目标市场，发挥团队协作的优势实现项目高效率运转。

创新型项目团队建设主要有四个途径。第一，实现人员和部门之间关系的弹性化。促进形成平等和协作的团队成员关系，充分共享知识和经验。第二，提升团队素质和改善工作方式。创新型团队摒弃了监管的方式，而提倡授予团队成员更广泛范围的工作和任务，这就要求团队成员提升自身素质，扩展知识领域，培养自勉、自律和自觉的精神。第三，提倡学习的主动性。鼓励员工主动获取信息和新工作方式，提倡开展多样的学习方法。第四，突出创新和协同作用。提高团队沟通协作的能力，增强创造能力、知识成果的推广和转化能力。

（3）自我管理型团队

建立自我管理型团队需要让团队成员可以自主选择承担更重要的责任，团队成员开展讨论、相互监督，充分发挥每个成员的特长。具备专业知识的领导更多的是扮演专家顾问和协调的角色，用影响力来进行控制，通过分享决策权和分配责任，培养团队的合作技能。团队成员间探讨如何开展项目任务，提出不同工作方法和思路，有助于形成共同观点和分享经验，使团队能够按照正确的步骤和方向开展工作。在有效平衡稳定性要求与创新性要求之间关系的情况下，企业项目管理团队应当被赋予更大的自我管理权。自我管理型团队通过自我激励、自我评估、自我改进的运作方式，能够大幅降低企业管理的运营成本，更好地把握企业战略管理和战略规划的中长期趋势。

2.创建学习型组织，增强创新能力，全员参与团队建设

（1）创建学习型项目团队

著名的管理学家彼得·圣吉（1990）在《第五项修炼——学习型组织的艺术与实务》中指出，学习型组织是21世纪全球企业组织和管理方式的新趋势。“未来唯一持久的优势是比别人学得更快。”学习型组织作为一种新的组织模式，具有以下特点：“共同的愿景、持续不断的学习过程（终身学习、全员学习、全程学习、团队学习）、开放式新角色、倡导知识管理等。”

随着科学技术发展的日新月异，企业的发展需要不断紧跟时代步伐，项目团队在日趋激烈的竞争环境中需要充分释放潜能。这就要求项目团队转变为学习型组织，全面提高自己的素质，更新原有的知识结构，改善行为方式，优化组织体系，以获取更高的预期效益。对于知识型项目团队成员来说，应通过“自我超越、改善心智模式、建立共同远景、团队学习、系统思考”等五项修炼，实现“学习—修炼—提升”的转变。那些不能有效开展学习的项目团队在竞争激烈的环境中将面临很快被淘汰出局的危险。

企业的发展，人才是关键。学习不能只停留在提高自身有效的行为能力的个人学习层面，而要强化全面的团队学习，团队学习具有任何个人都无法取代的团队智慧和整体资源优势。建立团队学习制度体系需要综合利用多种学习的途径，如开展组织培训、内部学习、外部咨询、行业学习和客户学习等，并将多种学习途径有机地整合，从技术到管理、从安全到质量、从思想到行为，多层次、全方位地提高团队成员综合素质，在项目团队内部营造学习氛围，系统地促进组织学习，形成全面的教育和组织学习机制，增强团队学习能力，即“新知识、新观念、新事物的理解能力、吸引能力和整合能力”。团队学习能力的整体提升能更有效地帮助项目团队思考学习、解决问题、培养情商和从容地应对各类风险，有更多的机会获得成功。

通过在团队内部建立完善的知识学习机制和共享机制，可以为团队向学习型团队方向发展提供持续动力和创新能力；通过学习还可以切实提高团队的综合素质和核心能力，形成开放的氛围和做好应对调适变化的准备。创建学习型团队不

仅有利于团队成员提升自身的能力素质，还有利于形成团队整体的竞争优势，从而达到双赢的最佳效果。

（2）增强创新能力

没有创新能力的团队不能称其为优秀团队。项目团队建设的内容不仅要涵盖高效和弹性，还要体现团队的创新能力，使每一位团队成员都习惯于改变并清楚地意识到改变是任何改善和提高的前提，面对发展的世界唯一不变的就是“改变”。只有观念改变，行为才会改变；只有习惯改变，结果才会改变。高度的创造力是需要通过团队成员发挥出来的，它体现在提高生产作业水平、新产品和服务开发、市场拓展等方面。任何领域都会存在创新的空间，从不同的侧面思考问题，自由讨论的艺术可以激发团队创新的精神，让创新的观念伸展到所涉及的每个领域。

不断提高团队对外界环境变化的调适能力是体现和培养创新的关键。如果当团队已意识到外界环境的变化，却难以采取必要的行动应对，其主要原因在于团队缺乏对环境的调适能力，这就要求提高团队的调适能力以增强其接受和运用新知识、新观念和新事物的能力。

在创新的过程中，要协调好稳定与创新的关系。创新型工作团队的稳定不仅涉及内部团队成员的稳定性，还包含团队整体素质的相对稳定性。采用各种合理有效的激励措施提高团队高素质成员的认同感和归属感是保持团队素质稳定性的关键；同时，在团队协调合作的基础上，团队内部成员的组成必须不断更新，以促进创新持续发展，从而在保持项目竞争优势的同时，也为自主创新奠定良好的基础。

任何创新都可能存在风险和代价，但是不能因为害怕承担任何风险就错失创新和发展的潜在机会。创新能够给项目带来特殊的附加价值，所以对待创新需要有包容的态度和原则，在权衡创新带来的机遇与风险、收益与成本、创新与发展之间的关系时，鼓励和支持自主创新。

（3）全员参与团队建设

麦克格雷戈（1960）在《企业中人的因素》一书中指出，“人群中普遍存在着解决组织问题方面的想象力、才智和创造力，如果条件恰当，人不但不会逃避责任，还会主动承担责任”。当企业为项目提供和创造了优秀的制度环境时，团队成员就会产生由衷的归属感和参与意识，从而使个人价值得到充分的展现，使潜能得到充分的释放。从行为科学的角度来看，个人的自我实现的最高目标就是能自由发挥个体的才智和能力。好的项目团队应提供给其成员实现自我能力的机会，人们也愿意为这种组织奉献。能动性、全员化是项目团队建设的催化剂。

全员参与的团队建设要杜绝家长制、鼓励参与制，鼓励团队成员以多种途径和方式参与到团队建设中来。与传统的、集权式的家长作风相比，参与制能促使员工产生自觉的认同意识和充分地融入项目团队，使团队成员从项目纠纷中解脱出来，形成一种合作的、积极健康的、和谐的工作秩序。

3.营造和谐人际关系，充分释放团队建设的功效

要营造和谐环境，首先要创建和谐的企业项目团队。创建和谐的企业项目团队要体现人与人的和谐。充分的沟通交流、相互信任、合作协调是人与人的和谐关系的前提，而制度体系的完善、角色分工的明确则能从根本上减少矛盾和冲突，使各个层面都能够按照规则和谐运行。人与环境的和谐主要依靠长期和持续的团队建设，项目团队要围绕远景营造好的企业工作环境和文化氛围，让大家形成归属感和向心力。

在项目管理团队中形成和谐的人际关系，还要树立团队统一感，避免“圈内人”“圈外人”“你们”“我们”的划分，不能过分夸大不同部门和职能单位的差别，忽视共同之处，否则会引起彼此无谓的争端，甚至纠缠于资源争夺，无法把精力和时间投入项目工作中。只有在项目团队中建立起友好、互助的人际关系，才能充分释放团队建设的功效。

4.加强沟通与合作，树立统一的价值观，增强凝聚力

核心价值观是决定每一位团队成员的态度和行为的价值观，并与团队的目标保持一致。核心价值观能帮助项目团队发掘其核心竞争力，使团队在激烈的市场环境中形成无法比拟的竞争优势，有助于提高企业核心竞争力。这是因为核心价值观有助于团队产生累加的积极效应，团队精神可以激发成员的共同努力，使团队的工作成果远远高于单个成员的工作成果。共同的目标和期望不仅是形成团队的首要条件，而且是企业文化的重要组成部分。

任何团队和组织都体现了利益共同体的特征，任何团队和组织的产生都是以共同的需求作为前提条件的。所以，应该让每一个团队成员都能清楚地了解团队的目标和自己的任务，以及为团队目标奋斗的预期利益和收获，否则难以产生稳固的团队，团队精神也无从谈起。如果项目团队工作的目标一开始就不明确，则

大家进入团队后的行为方向也不能统一，目标既是团队对每一个成员的一种利益吸引，也是对大家行为方向的一种界定。

团队成员要在项目团队中扮演好自己的角色，就要能够从别人的成功中获取满足感，同时能通过自己的思想和行动去影响和改变他人的观点、态度、决定；并学会用正确的态度对待个体差异，理智地解决冲突，进行平等坦诚的沟通，不能只局限在个人目标上，还应该更多地考虑团队的利益。项目团队成员之间的相互帮助和支持、相互理解和容忍，可以促进成员之间的合作，提高团队士气，鼓励成员创造一种提升工作满意度的氛围，增强项目团队的凝聚力。

5.围绕企业的可持续发展，形成团队建设规范有序的推进机制

IBM咨询公司曾对世界500强企业进行过一次调查，结果表明这些企业的成功得益于技术创新、体制创新和管理创新的深度融合以及优秀文化。这些世界500强企业的团队理念中不仅包含了以人为本、服务社会等核心价值理念，而且包含了平等对待员工、平衡相关者利益、团队精神和鼓励创新等精神财富。推进企业项目管理团队的建设，要从多方面多角度出发。合益咨询公司也总结了优秀企业的多个成功要素：以人为本、兼顾个人需要与公司战略发展、自信自制、积极进取、全心投入、团队精神等。

面对组织间激烈的竞争和科技时代的发展，现代项目需要项目团队及成员具备更全面的素质，如应变的意识和能力、沟通的意识和能力、认知能力、专业专长能力、创新意识和能力、科学决策意识和能力、持续学习意识和能力、领导管理的观念和能力、合作意识和能力等多方面的内容。

综上，以人为本的全面、协调、可持续的发展是实现企业科学发展观的核心内容。在变化的环境中保持稳定不变的核心价值观和基本目标，形成团队规范有序的推进机制是保持企业长期发展的关键。

第六章　企业文化管理策略

第一节　企业文化

一、企业文化的起源

企业文化又称公司文化，这个词语最早出现在20世纪80年代初。使企业文化成为一种有意识的企业实践活动的是第二次世界大战后的日本，而使其成为一种企业管理理论的则是20世纪80年代的美国。

日本是第二次世界大战的战败国，但在美国的支持下，日本结合本国传统文化，汲取西方先进的管理科学理论，其经济在短短30年左右的时间里迅速崛起，成为世界主要经济体之一。日本经济的迅猛崛起，使西方很多国家乃至全世界都为之震惊。是什么促使日本成功的呢？面对这个问题和困惑，许多美国管理学者对美国、日本的企业管理进行了比较研究。美国的一些管理学家在总结日本的实践之后得出结论：必须克服古典管理理论阶段、行为科学阶段、现代管理理论阶段等管理科学三个发展阶段上的某些错误倾向，保留其科学的精华部分，重新创立新的管理科学理论。这就是企业文化理论诞生的历史背景。

1979年，美国的沃格尔出版了《日本名列第一》一书，开创了企业文化研究的先河。随后美国管理学界连续出版了四本畅销书：美国著名管理学者威廉·大内的《Z理论——美国企业界怎样迎接日本的挑战》、斯坦福大学教授帕斯卡尔和哈佛大学教授阿索斯合著的《日本企业管理艺术》、企业管理咨询顾问汤姆·彼得斯和小罗伯特·沃特曼合著的《追求卓越》、麦肯锡管理咨询公司顾问艾伦·肯尼迪和特伦斯·迪尔合著的《企业文化——企业生活中的礼仪与仪式》。这四本书被称为企业文化管理的“四重奏”，标志着企业文化理论的诞生。

1985年，企业文化理论再次掀起热潮，其标志是另外四本较有影响力的管理书籍的出版：莫尔·刘易斯等人的《企业文化》、基尔曼·萨克斯顿的《赢得公司文化的控制》、谢恩的《企业文化与领导》、汤姆·彼得斯的《赢得优势——领导艺术的较量》。

二、企业文化的概念

企业文化是企业为解决生存和发展问题而形成的，被企业员工认为有效并共享、共同遵循的价值观念和行为规范。企业文化集中体现了一个企业经营管理的核心主张及其价值观，以及由此产生的组织行为。通俗地讲，就是每一位员工都明白怎样做是对企业有用的，而且都自觉自愿地这样做，久而久之便形成了一种习惯；再经过一定时间的积淀，习惯成了自然，成了人们头脑里一种牢固的观念，而这种观念一旦形成，又会反作用于（约束）大家的行为，逐渐以规章制度、道德公允的形式成为众人的行为规范。

企业文化是个完整的体系，一般而言，由企业价值观、企业精神、企业伦理道德和企业形象四个基本要素组成。

企业价值观是指企业员工对企业存在的意义、经营目的、经营宗旨的价值评价和追求的整体化群体意识，是企业全体员工共同的价值准则。企业价值观由多种价值观因子复合而成，具有丰富的内容，若从纵向系统考察，包括员工个人价值观、群体价值观和企业整体价值观三个方面的内容。

企业精神是指企业基于自身特定的性质、任务、宗旨、时代要求和发展方向，为谋求生存和发展，在长期生产经营实践的基础上，经精心培育而逐步形成并为整个员工群体认同的正向心理定式、价值取向和主导意识。企业精神主要包括参与精神、协作精神、奉献精神、创新精神、竞争精神、开拓精神、进取精神、求是精神、务实精神等。可采用舆论宣传、领导垂范、典型启迪、目标激励、形象教育、感情投资等方法来培育企业精神。

企业伦理道德是指调整企业与员工、管理者与普通员工、员工与员工、企业与社会公众之间关系的行为规范的总和。它是企业具有的一种独特的意识形态和行为规范，贯穿企业经营活动的始终和管理活动的各个过程，是企业文化的重要内容之一，具有独特性、独立性、稳定性等特征。一般可通过树立正确的道德规范、结合员工教育、坚持管理创新、强化规章制度等方式来加强企业伦理道德的建设。

企业形象是企业文化的外在表现，涉及企业产品安全、产品品质、产品设计、品牌、社会责任、员工行为规范、对顾客的服务态度、公共关系、企业文化对外推广及企业宣传等各个方面。企业形象是企业内在价值观的外化过程，其设计必须符合企业的核心价值观，体现出企业表里如一的特质。好的企业形象的塑造与推广对企业内部文化建设具有积极的推动作用。

三、企业文化的结构

企业文化的结构是指企业文化系统内各要素之间的时空顺序、主次地位与结合方式，即企业文化的构成、形式、层次、内容、类型等的比例关系和位置关系。它表明各个要素如何联结，形成企业文化的整体模式。一般来说，企业文化结构包括物质层、行为层、制度层、精神层四个层次。

第一层，也即最外层，是企业文化的表层，即物质层，其最为具体、实在、直观、形象，构成了企业文化的硬外壳，塑造了企业的外在形象。第二层是幔层，也叫浅层，即行为层，构成企业文化的软外壳。第三层是中层，即制度层，是观念形态的转化，成为企业硬、软外壳的支撑。第四层是核心层，即精神层，是企业文化的精髓，它主导着现代企业文化的共性与特性，主导着企业文化的发展范式。精神层通过制度层来体现，支撑规范着企业员工的行为，构造出本企业的实物外貌；反之，实物外貌也可反映出本企业的核心文化。

企业文化的物质层即企业的物质文化，是由企业员工创造的产品和各种物质设施等构成的器物文化，以物质形态为主要表现的表层企业文化，包括企业生产环境、企业建筑、企业广告、产品包装与设计等。

企业文化的行为层即企业的行为文化，是企业员工在生产经营、学习、娱乐活动中产生的，包括企业经营、教育宣传、人际关系活动、文娱体育活动等。从人员结构上划分，包括企业家的行为、企业模范人物的行为、企业一般员工的行为。

企业文化的制度层即企业的制度文化，包括企业领导体制、企业组织结构和企业管理制度等方面，它是人与物、人与企业经营制度的结合，是一种约束企业员工行为的规范性文化。

企业文化的精神层即企业的精神文化，是企业在生产经营过程中，受一定的社会文化背景、意识形态影响而长期形成的一种精神成果和文化观念，包括企业精神、企业经营哲学、企业道德、企业价值观念、企业风貌等内容，是企业意识形态的总和。企业精神文化是一种更深层次的文化现象，是企业物质文化和行为文化的升华，在整个企业文化系统中处于核心地位。

四、企业文化的特征

企业文化作为企业的管理之魂，一般而言，具有以下几个方面的特征。

（一）客观性

企业文化不仅是企业生产经营、行政管理理念和经验的科学反映和凝结，而且是社会文化和企业实践的融合。作为前者，它在企业长期生产经营实践中逐步形成，反映了企业基本的精神风貌。无论人们对其意识到与否，对其认识到何种程度，它都是一种客观存在，而且直接关系着企业的成败兴衰。作为后者，它又鲜明地体现着社会文化和外部环境对企业的影响与企业实践的结合。

（二）系统性

企业文化具有系统性，是其很多有内在联系的具体方面的系统整合体，由物质层、行为层、制度层、精神层等四个方面的要素构成，具体来说是由企业经营管理中的理念、制度、企业形象、公共关系、员工行为、企业价值理念、伦理道德等组成的一个复杂的文化系统。在企业文化建设过程中应以系统性的观点对待这些组成要素，这些要素缺一不可。

（三）时代性

任何企业都置身于一定时空环境之中，受时代精神感染，又服务于社会环境。因此，它的生成与发展、内容与形式，都必然要受到一定时代的经济体制和政治体制、社会结构、文化、风尚等的制约，反映这个时代的精神。企业文化是时代的产物，又随着时代的前进而不断地演化着自己的形态。一方面，不同时代具有不同的企业文化；另一方面，同一个企业在不同时代，其文化也有不同特点。可见，时代特点感染着企业文化，企业文化反映着时代风貌。

（四）独特性

企业文化存在于由各种因素构成的社会环境之中，同时也是自身多种构成因素和条件的综合表现。由于这些环境和条件的差异，各种企业文化也必然会显示出独到的个性与自身特点，反映出本企业独特的精神风貌。正如斯蒂芬·罗宾斯所说，“企业文化就如同一个人的个性”，它有着自己独有的特点，而这些特点“如同个性一样相对稳定和持久”。

（五）稳定性

稳定性是指企业文化一旦形成，就具有相对稳定的特质和世代传承的连续性，作为一个传统而存在。一个企业有了成熟的企业文化，就犹如“有一个‘已编好的程序’去适应将来可能发生的变化”。随着形势变化，一个企业的人事、产品、经营方式是很容易变化的，但是企业的文化难以改变。因为企业文化传统是经过诸多人物榜样、诸多传奇故事等慢慢积累、提炼出来的。这个成熟的企业文化，对于一个新进公司的人来说是既定的、早已存在的。

（六）可塑性

企业文化尽管存在极大的稳定性，却并非不可更改的东西，而是可以塑造、可以改变、可以创新的。也就是说，企业文化的稳定性并不排斥企业文化的可塑性。如果企业文化根本不可塑，理论界和企业界关于企业文化的任何研究都将失去意义。

（七）民族性与区域性

任何企业都必然存在于特定的国家、地理区域和民族聚居范围内。因此，企业文化总会受到特定国家历史、民族传统和区域习俗的影响，它们会从各方面给企业文化打上自己的烙印，形成某种企业文化特定的优点与缺憾。如美国推崇“创新、个性、冒险”；日本注重礼教习俗；德国强调“严谨、精益求精”；中国青睐“诚实守信、以和为贵”等。

五、企业文化的功能

一般而言，企业文化具有导向、协调、凝聚、激励、约束和辐射等功能。

（一）导向功能

企业文化是一种价值取向，可以引导企业员工的态度和行为。企业文化主要从三个方面发挥导向功能。

第一，通过价值观发挥导向功能。企业文化的核心是价值观，企业文化的第一任务就是影响和引导所有成员的价值观，让企业成员自觉自愿地与企业保持一致。

第二，通过目标发挥导向功能。在特定的企业文化下，会形成特定的目标，员工认同企业的文化，也就会认同与文化相一致的目标。当企业目标与员工目标相一致时，员工在实现企业目标的同时也实现了个人目标，因而具有强烈的动机努力工作。

第三，通过行为规范发挥导向功能。行为规范更加详细地引导员工应该如何行动，从具体层面或者说从细节上体现企业特有的文化。

（二）协调功能

文化是润滑剂，可以缓和各种人类社会中的矛盾。我们可以看到，具有同样文化的人群往往可以融洽相处，减少各种摩擦和矛盾。企业文化是一剂良方，不但可以协调企业内部的关系，还能协调企业与外界的关系，从而为企业的发展创建和谐的环境。

（三）凝聚功能

企业将一群人以某种方式结合在一起，因而其本身就有凝聚作用。但是，这是表面的凝聚，人们为了某种利益而甘愿加入企业中，并不意味着人们发自内心地视企业为自己的归宿。人们虽然在名义上归属某个企业，在行动上也是在为企业服务，然而是不是发自内心地全心全意服务，其绩效差异是巨大的。企业文化具有凝聚功能，可以产生强烈的向心力，使成员真正融入企业。

（四）激励功能

企业文化是以人为中心，关心人、尊重人、理解人、重视人，因而本身就有激励作用。同时，很多激励手段都需要通过企业文化得以实现，比如信任激励、感情激励、宣泄激励、目标激励、参与激励、尊重激励、宽容激励、榜样激励等。绝大多数激励方法与企业文化结合后，都可以显著地提升激励效果。

（五）约束功能

约束功能也称规范功能，企业文化可通过刚性约束和柔性约束达到规范人们行为的目的。首先，规章制度是企业文化的体现，它明确告诉员工该做什么、怎么做、以什么为标准等，可以具体地规范员工的行为。规章制度具有强制性，如果违反，将会受到批评、警告、扣薪、降职、解雇等处罚。其次，道德规范也是企业文化的体现，它通过影响员工的思想来约束员工的行为。道德规范没有强制性，却会更强烈地影响员工的行为，因为如果行为不被企业认同，员工一方面因思与行不同而自责，另一方面还要承受舆论压力，内心的折磨远甚于外在的惩罚，因此企业文化可通过有形或无形的手段约束成员。

（六）辐射功能

企业文化是社会文化的重要组成部分，是其不可或缺的子文化。社会文化是一个大系统，直接影响和决定企业文化的主要方面，但是企业文化也有反作用，也可以影响社会文化，当发挥这种作用时，就称为企业文化的辐射功能，也称扩散功能或外部功能。企业文化主要通过三条途径向外部辐射，即产品、员工、宣传途径。

第二节　企业文化管理优化策略

一、企业文化对企业管理的积极作用

（一）企业文化的内涵

企业文化是指企业在生产经营活动和参与社会活动的过程中所表现出来的人文气息和文化氛围，其中有公司的经营理念、规章制度、公司的人文建设和口碑形象等。从根本上来看，企业文化是企业长期形成的价值理念，因而企业文化是企业管理工作的重要组成部分，而且对于促进企业发展具有很强的基础性和保障性作用。

（二）企业文化的作用

1.能够提升企业管理层次

众所周知，文化性是企业文化的突出特点，能够将企业发展过程中的一系列文化元素进行有效融合，进而形成核心价值理念。将企业文化融入企业管理当中，能够进一步提升企业管理层次，特别是对于促进企业管理工作向纵深开展并实现更大突破具有很强的价值。例如，通过大力加强企业文化建设，可以使企业的引导作用更加强化，不仅可以满足员工的精神文化需要，而且能够使企业管理体系得到优化和完善，进而促进企业管理变革，比如有的企业通过将企业

文化与“双创”进行结合，积极引导员工创业和创新，为企业发展创造了良好的条件。

2.能够推动企业管理变革

企业管理涉及方方面面，只有大力加强企业管理改革、创新、发展，才能使其发展成更大的企业。企业文化是企业长期形成的价值观，同时也是企业在经营管理过程中的一系列制度规范。将企业文化与企业管理工作进行有效结合，对于推动企业管理变革具有十分重要的支撑作用，特别是对优化和完善企业管理机制，大力提升企业管理水平更是具有很强的辅助功能。比如，有的企业将企业文化与思想政治工作进行了全面、深入、系统的融合，不断强化对员工的教育、引导和服务，使企业文化持续焕发生机，进而使企业员工关系具有很强的融合性。

3.能够打造企业管理合力

随着现代企业制度的日益完善，在开展企业管理工作的过程中，发挥方方面面的积极作用越来越受到重视。由于企业文化具有很强的凝聚力和向心力，将企业文化融入企业管理当中，可以使企业管理渗透各个领域和各个环节，进而形成强大的企业管理合力。例如，有的企业在开展企业管理工作的过程中，进一步加强对企业文化的宣传，而且在企业内部构建了相对比较完善的企业文化管理机制，广大员工心往一处想、劲往一处使，都能够参与到企业管理工作当中，特别是对企业的经营与发展提出了大量有价值的建议，为进一步优化和完善企业管理工作创造了良好的条件。

二、优化我国企业文化管理的策略

（一）培养高素质人才

要完善我国企业文化管理，需要转变思想，在人才培养上更多地考虑对其创新思维的培养，更新其管理理念。同时，需要增加国际化课程，因为随着经济全球化，企业文化管理从业者要树立起国际竞争意识，具有国际金融知识。还要增加实践培训课程，将理论知识具体落到实处。企业文化管理人才应该具有较强的适应性和不断学习的能力。学习、实践及国际化思维是新时代工商管理人才不可缺少的要素。

（二）完善企业文化管理体制

在新的社会条件下，社会主义市场经济在改革中发展，在发展中完善，在完善中实现更加快速的发展，市场主体、市场行为变得越来越复杂，并且已经逐渐打破了传统的限制，如所有制限制、地域限制等。在这样的条件下，工商管理体制逐步得以完善，不但满足了社会主义市场经济发展的需求，而且有效地发挥了企业文化管理职能。同时，在制度上我们可以采取因地制宜的方式，对于不同的情况，管理制度可以适当变化。总之，企业文化管理体制不是一成不变的，可以随着市场经济的变化和经济的发展，进行适当调整。

（三）加大执法力度，保证权威性

熟练运用支持企业文化管理的相关法律，对提高企业文化管理水平有很大帮助。针对目前经济形势出现的新变化，国家可以适当增加法律条款，以此应对新的挑战。同时，执法部门可以运用对企业文化信誉进行记录的方式，对企业文化管理违法行为进行记录，增加其违法成本，让企业文化管理执法具有足够的威慑力。

第七章　公共关系管理策略

第一节　企业公共关系战略

一、企业公共关系战略概述

公共关系活动也称公关活动，是指一个组织为创造良好的社会环境、争取公众舆论支持而采取的行动和活动，即以创造良好的公共关系状态为目的的一种信息沟通活动。公共关系管理（Public Relation Management）是对组织与社会公众之间传播沟通的目标、资源、对象、手段、过程和效果等基本要素的管理。这种管理同样包括一般管理的基本环节，也就是对组织的公众传播沟通活动进行决策、计划、组织、指挥、控制、协调和监督等。而公共关系战略（Public Relations Strategy）也称公关战略，是指一个组织围绕公共关系这一核心，以未来为导向，为实现组织公共关系的总体目标而进行的长期性的、整体性的谋划与对策。

公共关系战略是企业战略系统的一部分，是重要的战略支持型职能战略，服务于企业总体战略或业务战略。公共关系战略分为三种类型。

（一）进攻型公共关系战略

这类公共关系战略是当组织与外部环境之间发生某种冲突时，组织采取以攻为守、改变环境的战略，创造新局面。

（二）防御型公共关系战略

这类公共关系战略适用于组织出现潜在危机或不协调状况时，为防止自身公共关系失调而采取的行动。

（三）退却型公共关系战略

这是一种公司遭受重大挫折时所制定的公共关系战略，是按照公司稳定型战略的要求，冷静地处理市场威胁，尽力以现有的经济资源抵制或适应形势的变化。

二、企业公共关系战略的实施步骤

企业公共关系战略的实施一般分为四个阶段。

（一）实施调查

公关调查是公共关系战略实施的基础和起点，目的是掌握利益相关者对企业的业务、事业及公关等方面的评价、要求和期待，并掌握各类信息与社会发展的趋势，遵循客观公正、全面系统、科学准确、定量化、时效性等原则，运用综合性公关调查手法，找出公共关系中存在的问题，为组织决策提供依据。

（二）分析现状

根据对调查所得资料、数据的研究，分析并把握事物发展的规模、程度，以及隐藏在大量资料背后的事物现象之间的本质联系、事物性质和发展趋势等一些实质性的关键问题，对这些问题的具体内容和出现原因进行具体分析，并以此确立中期或长期公关和交流的课题。

（三）构筑公关战略措施

根据分析出来的具体情况，制定战略措施。该阶段应注意，战略措施的内容必须对应公关的课题；必须确立公关活动的目的和目标，公关的对象、内容、时期、方法和角度；确定公关体系，建立公关意识。

（四）设定公关项目并实施

公关活动目标的实现，总是伴随着一系列有组织的行动，规模较大的公关活动都是由若干项目组成的，因此企业需要在公关战略基础上，进一步设定相应的公关项目。公关项目的设定需要紧紧围绕公关战略思想，且要具有很强的可操作性。最后，实施公关项目并对其进行效果评估。

第二节　企业公共关系危机管理策略

一、企业公共关系危机管理的意义

企业公共关系危机管理是指企业领导和公共关系人员在一定理论的指导下，

运用科学、合理的措施和手段予以处理，以控制危机发展、使危机损失最小化并重塑形象的行为过程。由于公共关系危机的出现，企业处于一种高知名度和低美誉度的状态下，受到公众舆论的指责，企业正常的生产经营活动受到严重干扰，甚至危及企业的生存。在这种情况下，如何化解眼前的险境转危为安，扭转被动的局面变不利为有利，便成为一项极富挑战性的工作，它对于企业有着极为重要的意义。

（一）降低和挽回各种损失

任何公共关系危机的发生都会直接或间接地给企业及其相关公众带来多方面的损失，如经济损失、信誉损失、权益损失等，如果是重大的突发性事件，更会对企业和相关公众造成严重的灾难和致命的打击。若能有效地控制各种非正常因素的发展，妥善处理各种危机事件，就能使企业及其公众的直接损失减少到最低限度，同时也可能使事后各种企业活动得以迅速恢复，以减少各种间接的经济损失。

（二）在公众心目中塑造良好的形象

良好的形象是企业的无形资源和极为宝贵的财富，任何种类的公关危机，不管是一般性公共关系危机还是重大的公共关系危机，都必然会给企业造成较大的形象损失，导致企业在公众心目中的信誉降低，甚至完全失去公众的信任。因此，在公共关系危机发生之前，企业应积极预防，化危机于无形，以免企业形象受损；在危机发生之后，为了维护企业的良好形象，或使自己的形象恢复到危机爆发前的状态，更应该妥善地处理自己的公共关系危机。通过有效合理的手段，能使企业已受到的形象损失不再继续下去，控制事态的进一步恶化，使形象损失降到最低限度，并且可以塑造比危机以前更佳的形象。

（三）有利于增强企业的内部团结

一般而言，公共关系危机对于企业来说，是一件坏事，如不及时加以处理，会给企业内部的成员造成某种沉重压力，这种压力的消极作用可能使企业的人心涣散，分崩离析。如果企业面对公共关系危机能采取积极的态度和主动的措施，聚集人心，动员广大员工拧成一股绳，上下协力、精诚合作、共赴危难，那么，公共关系危机不仅不会严重影响企业的内部团结，反而可能具有促进和增强企业内部团结的作用。

（四）扩大企业的社会影响

企业公共关系危机具有引人注目的特征。这一特征对企业来说具有不好的一面，也具有好的一面。虽然企业公共关系危机会使企业的不良影响迅速扩展，知名度与美誉度处于严重的不协调状态，但另一方面也可以为企业知名度的提高铺垫基础。这就是说，如果企业能妥善处理好公共关系危机，企业的良好影响也极容易在广泛的社会范围内扩散出去。

二、企业公共关系危机管理的一般程序

企业面临的社会环境和公众不同，其可能遭遇的公共关系危机也就千差万别。虽然都统称为危机，但各种类型的危机事件在规模、性质、表现形式、涉及的公众等方面是不同的。这些不同的危机事件，在处理程序上有无共同之处呢？回答是肯定的。应该说，正确的危机处理程序对危机事件的有效处理十分必要和重要。

（一）面对危机必须迅速作出反应

公共关系危机爆发后，企业需及时采取措施，不能有丝毫的延迟。

1.成立事件处置的专门机构

成立危机事件处置的临时机构是公共关系危机爆发后的第一件大事，是有效处理公共关系危机事件的组织保证。这个机构有的称为危机管理小组，有的称为危机事件处理委员会。该机构的组成成员应包括企业负责人、公共关系人员、相关的经过培训的部门负责人以及指定的新闻发言人和值班人员。

危机处理的专门机构，即公共关系机构总部（The public relations emergency headquarters ，PRHQ）主要有三方面作用：一是内外通知和联络；二是为媒介准备材料；三是成立公共信息中心，加强对外界公众的传播沟通。

2.立即采取措施隔离危机险境

如果出现的是严重的恶性事故和重大的灾难性事件，为了避免企业和相关公众的生命财产损失或使损失最小化，应立即采取合理有效的措施，隔离危机险境，特别要注意被困人员和重要物资的隔离，对于在危机中受伤的人员要无条件隔离救治。

3.控制公共关系危机事态的蔓延

在严重的恶性事件发生后的初期，事态有可能进一步发展和恶化，向更大范

围扩散，因此公共关系危机爆发后，迅速采取有力措施遏制事态蔓延、减少危机损失就显得十分重要。需要指出的是，公共关系危机的爆发往往会伤害公众的利益，引起公众对企业的不满、反感甚至对抗，与公众对抗的升级可能使公共关系危机进一步复杂化和恶化，加大处理的难度，对此，企业应采取冷静和克制的态度，安抚公众的情绪，防止与公众对抗。

（二）积极处理危机

前一阶段工作的重心是控制损失或损失最小化。在这一阶段，企业不可避免地要处于反应状态，而且受环境的左右。企业要对媒体提出的问题、公众的询问及本企业员工提出的问题作出反应，针对公共关系危机的情况采取对策，以便采取必要的措施控制其发展。在控制住危机后，公共关系危机处置应从反应状态转入积极处置阶段。

1.弄清情况确定对策

公共关系危机爆发后，企业必须通过各种渠道及时掌握危机的各种信息。如公共关系危机事件发生的时间、地点、涉及的人员、影响的范围、发展的过程、危害的程度等。在公共关系危机事件得到初步控制后，通过事件亲历者、目击者、事件本身的分析等获取全面的信息，为处理危机提供充分的信息基础。

危机发生后，公共关系从业人员要收集的资料很多，主要包括如下方面。

第一，完整记录危机事件发生发展的过程、阶段及其细节。

第二，抢拍危机事件的图片资料。

第三，拍摄危机事件现场的音像资料。

第四，与危机事件相关的个人在危机事件过程中的行为表现及其相关言论。

第五，事件处理过程中相关团体的反应，包括声明、援助、决定、行为、相关活动等。

第六，新闻媒体对事件的报道情况，包括新闻、专访、特写、追踪报道、评论等。

第七，危机事件造成的损失，包括数据、度量情况等。

第八，记录和收集保险部门、法律部门、政府部门发言人或代表的言论、决定等。

第九，搜集电话值班记录，特别是日志表之类的记录。

第十，搜集与事件有关的其他证据或实物。

当掌握公共关系危机事件的第一手资料，清楚了解公众和舆论的反应后，企业应该在高层人员的直接参与下，深入研究和确定应采取的对策、措施。这是公共关系危机处理的一大关键。确定对策既要考虑危机本身的处理，又要考虑好如何处理公共关系危机涉及的各方面的关系，更要考虑如何抓住蕴含的机遇，恢复声誉，重返市场。

2.召开新闻发布会或记者招待会

在了解事实、初步确定对策的情况下，尽可能以最快的速度召开新闻发布会或记者招待会。一方面，向新闻界介绍公共关系危机的有关情况；另一方面，恳请新闻媒介密切合作，防止不利的消息和舆论传播。为此，要指定新闻发言人代表公司“以我为主”公布信息，使信息传递口径统一。当公共关系危机爆发后，面对记者采访提出的各种问题时，发言人的回答会通过媒体传播给利益相关方和大众，对企业的形象造成重大影响，因此要慎重选择发言人。理想的发言人应是：此人一出来，记者一看就知道这个人信得过。如果选定的发言人唯唯诺诺、形象不佳，就会失去作用。为防止意外，发言人应不止一个。新闻发言人应遵循公开、坦诚、负责的原则，以富有同情心和亲和力的态度来表达歉意；表明立场、说明公司的应对措施。

3.组织力量，实施方案

企业制定出公共关系危机处理的对策后，就要组织力量积极实施。

公共关系危机往往涉及面很广，仅靠公共关系从业人员的力量是远远不够的，因而需要企业领导人亲临第一线，亲自组织和协调实施。这是危机处理的中心环节之一。在实施过程中应注意：调整心态，以友善的精神风貌赢得公众的好感；工作中力求果断、精练，以高效率的工作风格赢得公众的信任；认真领会公共关系活动方案的精神，做到既忠于方案，又能及时调整，使原则性与灵活性均得到充分的体现；在接触公众的过程中，注意观察、了解公众的反应和新的要求，并做好劝服工作。

4.评估总结，吸取教训

公共关系危机事件平息后，企业应从社会效应、心理效应、形象效应等方面对处置危机的手段和措施的科学性、合理性进行评估总结，实事求是地写出评估调查报告，以积累危机处置的经验，修正危机计划，唤起企业全体员工对危机的警觉。此外，查找公共关系危机事件发生的深层次原因，改进企业在经营管理方面的薄弱环节，从源头上避免类似公共关系危机事件的重复发生。

（三）重建企业形象

公共关系危机的发生不可避免地会给企业带来诸多方面的损失，尤其是企业形象的损害，这种影响会在日后的生产经营活动中逐渐表现出来，因此，即使公共关系危机事件得到了妥善处理，也不意味着危机处理的最终结束，还有一个企业形象的恢复和重建的过程。

1.树立重建良好形象的意识

企业领导者和全体员工必须树立重建良好形象的强烈意识，具有在逆境中崛起的信心和越挫越勇的决心，在哪里跌倒就在哪里爬起来，而不能自甘沉沦。只有重新建立起企业的良好形象，企业的公共关系状态才真正地化险为夷、转危为安，本次的危机处理才真正结束。

2.确立重建良好形象的明确目标

在重建良好企业形象的过程中，确立重建良好形象的目标是必不可少的一个步骤。总的来说，重建良好公共关系形象的目标是消除危机事件带来的负面形象后果，恢复或重新建立企业的良好声誉和美好声望，再度赢得社会公众的理解、支持与合作。具体来讲，大致可分为四个方面：第一，使企业公共关系危机事件的受害者或其家属得到最大的安慰；第二，使利益受损者重新获得作为支持者的信心；第三，使观望怀疑者重新成为真诚的合作者；第四，使企业的知名度和美誉度达到统一，更多地获得事业的新的关心者和支持者。只有达到上述目标，公共关系危机的处理才算是全面的和完善的。

3.采取建立良好企业形象的有效措施

企业在确立了重建良好公共关系形象的明确目标之后，关键是采取有效措施实施，达到这些目标。这些措施包括对内和对外两个方面。对内，一是要以诚实和坦率的态度安排各种交流活动，以形成企业与其员工之间的上情下达、下情上达、横向连通的双向交流，保证信息畅通无阻，增强企业管理的透明度和员工对企业组织的信任感；二是要以积极和主动的态度，动员企业组织全体员工参与决策，作出组织在新的环境中的生存与发展计划，让全体员工能够看到企业再度辉煌的希望，对企业的未来充满信心；三是要进一步完善企业组织管理的各项制度和措施，有效地规范组织行为。对外，一是要同平时与企业息息相关的公众保持联络，及时告诉他们危机后的新局面和新进展；二是要针对企业组织公共关系形象受损的内容与程度，重点开展某些有益于弥补形象缺损、恢复公共关系状态的公共关系活动，与广大公众全面沟通；三是要设法提高企业的美誉度，争取拿出一定的过硬服务项目和产品在社会中公开亮相，从本质上改变公众对企业的不良印象。

公共关系危机事件处理的线性模型表明了这三个阶段的工作，也表明受到公共关系危机损害的企业是可以复原的。通过有效的公共关系危机处置，企业还可以发展得更好。

三、企业公共关系危机管理的总体策略

企业公共关系危机处理的策略是指具体进行企业危机处理所须采取的对策与方式及其相应的原则、规范。采取正确的企业公共关系危机处理策略，对于尽快平息企业公共关系危机，有效重塑企业的形象，迅速恢复改善公共关系状态，具有十分重要的意义。它主要包括如下内容。

（一）积极主动

无论面对的是何种性质、何种类型、何种起因的公共关系危机事件，企业都应主动承担义务，积极进行处理，以勇敢的态度去面对危机，即使起因在受害者一方，也应首先消除公共关系危机事件所造成的直接危害，以积极的态度去赢得时间，以正确的措施去赢得公众，创造妥善处理危机的良好氛围，而不应一开始就采取消极、被动的态度，强调客观，推诿搪塞，从而贻误处理危机的时机，造成危机处理的被动局面，引发更大的危机。

（二）情谊联络

在公共关系危机事件中，公众除了利益抗争外，还存在强烈的心理怨怒，因此在处理中，企业不仅要解决直接的、表面的利益问题，而且要根据人的心理特点，采取恰当的心理情绪策略，解决公众深层次的心理问题，弥补、强化企业与公众的情感关系。

情谊联络策略主要是为了弥补、强化企业与公众的情感关系。有的因生疏造成的公共关系危机事件，直接利用情谊联络的方式，就可以达到消除危机、增进友谊、发展感情的目的。公众都是有感情需要的人。公众情感是在对企业的评价和情感体验的基础上形成的，具有重要的行为驱动作用，是公众理解和支持企业的动力源泉之一。在大量的公共关系危机处理过程中，有意识地施加情感影响，可大大增大其他公共关系危机处理措施的影响力，取得良好的效果。

（三）有效传播

公共关系危机发生后企业要如实地与公众沟通，并主动地与新闻媒介取得联系，公开事实真相。在面对新闻界时应该注意到，以下各方面的消息，即使企业对外不予发布，媒体也会通过其他途径获得，如事件发生的时间、地点、伤亡人数及名单、财产估计损失等。对媒介的公共关系维护，主要方式是让媒介了解事实真相，引导其客观公正地报道和评价事件。如果事实真相对企业不利，则危机处理小组必须表现出真诚的悔意和改正的决心，并强调该次事件的偶然性和明确企业的改正措施、时间表以及企业承担责任的方式和范围，以取信于媒体和大众。为保证传播的有效性，在整个传播过程中，一是要坚持统一口径原则。公共危机处理中一言既出，事关全局，影响甚大，传播出去，则驷马难追，所以必须注意统一口径，避免企业人员的言辞差异。坚持这一原则还能给公众留下企业是团结战斗的整体，企业领导人有能力、有决心、有诚意处理好这一公共关系危机事件的良好印象。二是要坚持充分显露原则，对有关危机事件及其处理的信息知道多少要传播多少，不要有所取舍，更不要隐瞒或歪曲。

（四）富有创意

公共关系工作的最大特点是创造性，处理公共关系危机更要发挥其创造性，渗透着公共关系创造性的危机处理，其结果往往是“旧貌换新颜”，有时甚至还会出现一个出乎人们预料的美好结局。其实，所谓创造性策略就是在设计危机处理方案时，在充分考虑各方面的条件和因素的前提下，因人、因地、因事而制宜，这将对公众、社会、企业都有益处。

（五）注重后效

企业公共关系危机处理既要着眼于当前企业公共关系危机事件本身的处理，又要着眼于企业良好公共关系形象的塑造。不能采取头痛医头、脚痛医脚的权宜之计和视野狭窄、鼠目寸光的短期行为，而应从全面的、整体的、未来的、创新的高度进行企业公共关系危机处理，变公共关系危机为公共关系机遇，努力取得多重效果和长期效益。

第八章　创业管理策略

第一节　创业与创业管理

一、创业的概念、要素

（一）创业的概念

创业是指通过寻找和把握机遇，创造出新颖的产品与服务，并通过市场创建企业或者产业，从而实现企业经济价值和社会价值的过程。我们可以通过是否“创建新企业”和“实现创新产品的市场化和产业化”这一本质来区分创业与创新。

（二）创业的要素

创业是一个复杂的系统工程。创业者、创业机会、创业资源和创业组织等构成了创业的基本要素。

1.创业者

创业者是创业活动的发起人，是创业活动的主体元素，是创业目标的制定者，是创业过程的组织者。创业者主要负责推进创业活动的流程，承担创业过程中的所有风险。创业能否成功，与创业者个人的特质、处事风格、能力、知识结构等有着密切的关系。

2.创业机会

在众多创业要素中，创业机会是核心要素。创业的关键要素是认知到机会并采取积极行动。机会何以只青睐某些个人而非芸芸大众？这取决于个体的知识差异、认知差异和行为差异。而将专业知识与商业知识结合起来，不仅需要技能、才能、洞察力，还需要既不是很稳定也不存在波动过大的外部环境。个体识别与搜寻信息的程度取决于其人力成本的构成。机会的搜寻与识别过程受到决策者认知行为的影响，从而不同类型的创业者识别机会与搜寻信息的能力和过程有所不同。

牛仔裤的发明者是美国人李维·斯特劳斯（Levi Strauss）。1853年，他跟着一大批人去美国西部淘金，途中被一条大河拦住了去路。许多人感到愤怒，李维·斯特劳斯却说“棒极了”。他设法租了一条船摆渡想过河的人，结果赚了不少钱。不久摆渡的生意被人抢走了，李维·斯特劳斯又说“棒极了”。因为采矿出汗而饮水又很紧张，于是别人采矿他卖水，又赚了不少钱。后来卖水的生意又被人抢走了，李维·斯特劳斯又说“棒极了”。因为采矿时工人跪在地上，裤子的膝盖部分很容易被磨破，而矿区里有许多被人丢弃的帆布帐篷，李维·斯特劳斯把这些旧帐篷收集起来洗干净，做成裤子卖给淘金的工人，结果销量很好，大家都管这种“牛仔裤”叫“李维斯（Levi′s）”。如今，生产李维斯服装的李维斯公司已经是活跃于世界舞台的跨国大企业。

3.创业资源

机会一旦被识别并获得相关信息，下一步就是获取所需要的资源并有效地组织现有资源。企业的所有者往往是关键资源的拥有者，也可能是资源获取的关键约束所在。资源与企业成败之间有着密切的关系，拥有较多或较高质量资源的企业成长更快且规模更大，而且资源的重要性会随着企业的成长而变化。创业资源主要有政策资源、信息资源、资金资源、人才资源、管理资源、科技资源等。

4.创业组织

“我更喜欢拥有二流创意的一流创业者和团队”，这是“风险投资之父”乔治·多里特（George Doriot）对创业组织重要性的经典论述。企业发展的核心问题是人的管理问题，创业企业也不例外。如何拥有一支高素质的创业管理团队，并有效地实现对员工的管理是创业者时刻关注的问题。创业组织的形式主要有新创企业、公司创业、管理层收购或者换购、特许经营及家族企业的继承。

二、创业管理

创业管理（Entrepreneurship Management）也称企业家管理。创业管理是以环境的动态性与不确定性和环境要素的复杂性与异质性为假设，以发现和识别机会为起点，以创新、超前认知与行动、勇于承担风险等为主要特征，以创造新事业的活动为研究对象，以研究不同层次事业的创业导向为主要内容，以心理学、经济学、管理学和社会学等为工具，研究创业活动内在规律的科学体系。对创业管理的研究先后经历了从关注谁是创业者、创业者都做些什么，逐渐发展到研究创业活动的一般过程和行为规律；从关注个体创业，到公司创业、社会创业；从关注创业活动本身，到关注影响创业活动的内外部环境要素，形成了创业研究的基本框架。

三、创业管理与一般管理

（一）创业管理与传统职能管理的关系

比较传统职能管理与创业管理，我们会发现两种理论所依据的基础不同，传统职能管理是大工业的管理，而创业管理是新经济领域的管理。两者的研究对象不同，传统职能管理理论以现有的大公司为研究对象，而创业管理理论则以不同层次的新建事业及新的创业活动为研究对象。两者的出发点不同，传统职能管理的出发点是效率和效益，而创业管理尽管也要讲效率和效益，但更主要的是寻找机会并取得迅速的成功与成长。传统职能管理通过计划、组织、领导和控制来实现生产经营；而创业管理则是在不成熟的组织体制下，更多地依靠团队的力量，依靠创新和理性冒险来实现新事业的起步与发展。但两者又有许多共同之处：都研究各类组织的绩效问题，都是为了揭示基于人、效率、效果三者互动的管理科学问题。

（二）新企业管理与成熟企业管理的不同

随着企业的发展，企业家和管理者意识到，即使在现有企业或成熟企业里，由于竞争、市场需求、产业演变和环境的变化，企业也需要不断地寻求新的增长机会，开发新的业务，只有具有创业与创新精神的企业才能具有活力和竞争力，这就需要将企业战略思想和管理方式进行调整。因此，创业管理从理论概念来讲，并不仅是新企业的事情，现有成熟企业也存在和需要创业管理。

虽然创业精神在新企业与成熟企业中体现的原则、种类和来源大同小异，但在创业管理的过程、路径及侧重点方面有着明显的区别。

第一，创业管理对于成熟企业来说，核心在于创新，而对新企业来说，核心在于管理。现有的企业经过长时间的努力和关注已经形成了既定的管理模式和组织体系，但由于组织惰性和路径依赖，需要学习如何创新。新企业则正处于由个人理性向组织理性转变的过程中，还不是一个真正意义上的组织，因而需要通过创业管理就企业的愿景和目标达成共识，建立共同遵循的组织原则和制度，培育各司其职、分工协作的团队。此外，从企业生命周期的角度来看，企业作为有机的生命体，在不同的发展阶段具有不同的特征，会遇到不同的问题，必须采用合适的管理模式和解决方案。总体来看，这种生命周期特性体现在创业管理中便是：成熟企业里原有的体制和成功模式是推行创业最大的障碍，而新企业的障碍在于团队缺乏束缚和号召力。缺少高层管理团队，是所有新企业在初步成功后无法转变成真正意义上的组织的关键所在。

第二，新企业和成熟企业在追求创新的过程中采取不同的创业模式。对于新企业而言，在有效的营销管理和现金流量管理的基础上，构建具有共同价值观、相互信任、彼此协作的高层管理团队，打造创业型组织是需要关注的重点，以免创业活动仅仅停留在商业活动层面而无法成为有组织的行为。成熟企业创业活动的成败关键在于能否处理好新业务和旧业务、新组织与旧组织的关系。既要构造一个有利于孕育创业活动、培育创业精神的组织，又要使创业机构这个具有不同成长规律的新组织在原有组织中独立发展；而且独立发展并不等于完全分离，而是需要不同的政策和管理模式。

第三，新企业和成熟企业的管理具有不同的结构特征。新企业的管理具有如下特征。①集权决策。在一个小组织内，总经理通常作出有关公司经营的大多数决策。当经营规模足够小和简单时，一个人就能了解与制定决策相关的全部信息。②非正式管理。创业型公司具有典型的非正式性。它很少有正式的程序、系统和结构。公司的各项活动通过创业者的个人监督即可完成。况且，因为公司年轻没有经验，它并没有学到公司取得成功的常规之道。成熟企业的管理是一种专业管理（一般管理），专业管理具有如下特征。①决策责任的分配。大公司规模复杂，个人不能作出公司全部的管理决策，因此总经理必须授权下一级管理人员。这种授权方式既决定了公司的结构，又反过来为公司的结构所决定。②正式控制体制的使用。相对于决策责任的分配，公司采用了正式的体制。这种体制通常包括目标、监控违反目标的行为、奖励积极的行为。此外，总经理还会制定政策和标准工序来指导下属的经营活动。

第四，新企业也有自己的优势。新企业相对于成熟企业而言有一个优势，那就是不像成熟企业那样为产品或服务寻求市场。新企业有点子，有自己的想法，但缺乏的是“事业”，一种能生存的、可操作的、有组织的“存在”。

四、创业者的核心素质

创业者是一个素质集合概念，可以归纳为以下五个方面：身体素质、知识素质、心理素质（态度、情感、意志等）、能力素质、技能素质。因此，对一个创业者素质的判断应当是一个系统的、细致的技术性识别过程。过分注重项目技术含量而忽略创业者个人综合素质能力，将其专业技术素质简单地等同于创业者素质是片面而危险的。在创业者素质集合当中，心理素质是核心素质，起着灵魂统领作用，对创业成功具有突出的影响。心理素质主要分为以下几个方面。

（一）成就需要

成就需要是指个人对于自己认为重要的或有价值的事力求达成的欲望。成就是相对的，是个人完成一件工作后与他人或自己的既定标准相比较所得出的结果。成就需要包含的内容很多，如对于地位、名誉、声望等的需要，对于实力、绩效、优势等的需要。

（二）自我控制

自我控制即个体相信通过他们的行为能够控制事件的发生。然而，自我控制不是创业者独有的特征，与成就需要相比更不能区分创业者与非创业者。虽然高自我控制是成功经理与成功创业者的共同特征，但是它仍然能区分成功创业者与不成功创业者。

（三）高风险倾向

总体研究结果认为，创业者只是适度风险承担者，与经理甚至一般个体在风险认知上没有显著区别。

（四）对不确定性的容忍度

创业者与经理相比具有更显著的不确定性容忍度。研究表明，创业者的特质因素是不容忽视的。个体在个性、风险倾向、对不确定性的容忍度、创业效能感、成就动机、认知模式、毅力、激情、控制感等特质因素上的差异，使创业者与非创业者区分开来。这些特征对创业成功具有较好的预测效度。

第二节　基于信任因素的创业企业管理优化策略

一、信任理论

（一）信任的概念

信任是涉及多个学科领域的概念。心理学中的信任主要针对个体研究，主要认为是对其他个体积极情绪的体现，是天然对诚意保持的思想信念。在经济学中，信任被认为是在理性计算成本收益后的结果导向。在社会学中，信任被理解为人们主观上对人际关系复杂性的一种简化机制；信任被理解为一种态度，相信某人的行为或周围的秩序符合自己的愿望。而管理学中的信任概念倾向于信任是个人或团体组织对其他人、团体或组织自愿接受义务的依赖，用以确认和维护合作参与人的利益和权益。

对于企业而言，信任是一切管理活动、经济活动开展的基础。信任缺失会在细微之处凸显重大影响。在创业企业中，简单的组织结构和公司管理系统对于感性情绪更为敏感，受到的影响也更明显。

（二）信任的影响

信任是经济社会有序运转的前提。

企业员工在感受到公司认可或上司信任时，会促使他们产生积极的情绪从而提升工作表现。

企业组织信任会作用于心理安全感，而心理安全感则会提升工作专注度从而提高工作效率。

创投机构对新创企业的信任能够降低交易费用，并通过促进互补资源融合、提高团队士气来为企业创造价值。

股东与管理者之间保持较高的信任关系有利于激发管理者发挥主观能动性从而积极影响企业管理。

创业团队成员通过相互的沟通互动、互惠互利可以促进团队信任感的构建与信任关系的维系，团队信任极大程度上能影响团队绩效的提升。

有管理就有人，有人就会存在一定的信任关系。从以上种种对信任影响的研究我们不难看出，信任理论虽然属于管理中的非正式制度，在企业管理中也表现得相对微妙和感性，但不可否认它对创业企业的内外部管理能产生重要的影响。

二、基于信任因素的创业企业管理优化策略

（一）建立企业信任文化——提升思想意识层面

好的企业文化会极大地提升员工在企业的舒适度，给予其被需要的感觉。这就像是创造一种能让公司内相互信任的环境，如此一来也能支撑信任因素在企业管理中的重要作用。

（1）管理层对于基层员工的工作认可和耐心程度对于信任文化的建立很有帮助。认可成绩是一种强有力的激励方式，认可的方式小到语言的鼓励、友好的肢体动作，大到适当的福利奖励甚至工作权限的开放。这些举措都有助于由浅入深地提升领导者与被领导者之间的信任感，通过实际的行动给精神层面带去利好。

（2）注重员工的思想意识完善和沟通也会是一项比较好的举措。管理团队可以组织和同行业公司之间的座谈活动，通过交流发现同行之间存在的共性问题和自己公司的个性问题，从客体的角度审视自己的公司，取长补短。这个过程有助于激发员工对公司的归属感，建立主人翁意识，培养对企业自身的文化信任。通过从思想意识层面建立企业信任文化，可使公司具备统一的企业精神来面对客户，提升外部管理水准。

（二）建立企业制度信任——正式制度、非正式制度相结合

在企业管理体系的确立、发展和完善中，管理者最需要做的部分是管理制度的建设了。作为组织机构管理企业的工具，企业管理制度是管理机制、管理方式、管理原则的规范，是实施管理行为的依据，合理的管理制度建设可以简化管理流程、提高管理效率。

在企业的制度信任建设中，应该遵循正式制度和非正式制度相结合的原则。对于一般企业来说，非正式的制度信任似乎已经足够多了，所以在此基础上应该进一步设定相应的制度条例。比如，增设早会、午餐会等短会。此举旨在增进工作内容的沟通、工作成果的总结及工作计划的制订，通过内部管理者和员工无差别的交流，促进企业内部默契，提升信任感。再如，对客户的管理工作开放一定的权限给员工。这一点不仅可以锻炼员工面对问题和突发状况的应变能力，而且有助于激发员工的创新精神，同时在无形中体现了公司对员工的信赖。与此同时，针对客户群体制定相应的业务约定制度（收付款制度），同信任关系影响下

的合作关系相结合，更好地突出“以诚信为本”的企业核心价值观。类似考虑到信任的制度建设可以更好地将公司正式制度和非正式制度相融合，共同促进信任因素对企业管理的积极影响。外部管理方面考虑信任因素后构建的正式制度，有助于企业在遵守行业规则的基础上发挥创业企业的灵活性和创造力。

（三）建立企业资源信任——优化整合内外部信任关系

资源信任的重点在于如何整合企业内外部的资源形成一个信任关系网络。区分不同程度的信任关系有助于将企业各方面资源清晰划分。要知道资源共享本身就是建立在信任的基础之上，尤其是企业在外部管理中的客户关系管理和同行合作管理中需要考虑这个因素。可以由企业自身牵头搭建一个线上的沟通平台，比如微信群或者手机小程序平台，在线上分享资源，建立长期稳定的联系。此举在于以点连线再带面，通过不断的关系连接、不断的合作交流、不断的资源整合与共享，建立起行业内的信任关系圈。建立客户资源信任的细节之处可以体现在企业面对不同的新客户都提供具有针对性的服务方案和定价策略，这让客户感觉到企业是站在自己的立场上考虑合作的。企业以诚意为基础抓住信任细节，从而可快速地提升双方合作意向。与此同时，邀请新客户加入行业的信任关系圈子，在建立信任关系的同时储备企业潜在发展资源。

一旦企业的发展资源有了信任关系的保障，企业的管理经营就相当于形成了良性循环。只要不断地维护这个信任资源网，同时不断更新区分不同对象的信任等级，就能给企业进一步的发展提供源源不断的动力。

第九章　创新管理策略

第一节　企业创新概论

一、创新的含义

创新管理面临的一个问题是人们在理解“创新”这个术语时存在差异，经常把它与发明相混淆。“创新”这个词来源于拉丁语“innovare”，意思是创造新的东西。英国贸易工业部（Department of Trade and Industry）认为创新是对新创意的成功开发。彼得·德鲁克认为创新是创业者的特殊工具。通过创新，他们把变化作为发展不同业务和服务的机会。迈克尔·波特认为企业通过创新活动获得竞争优势，它们在最广泛的意义上从事创新，创新既包括新的技术，也包括新的做事方式。熊彼特认为，创新包括五个方面的内容：一是引进一种新产品或提供一种产品的新质量；二是采用一种新技术、新生产方法；三是开辟一个新市场；四是获得一种原材料新的供给来源；五是实行一种新的企业组织形式。本书认为，创新是把机会转变成新创意，并广泛应用于实践的过程。

二、企业创新的定义

企业创新是企业管理的一项重要内容，是决定公司发展方向、发展规模、发展速度的关键要素。从整个公司管理，到具体业务运行，企业的创新贯穿在每一个部门、每一个细节中。企业创新涉及组织创新、技术创新、管理创新、战略创新等方面的问题，而且各方面的问题并不是孤立地考虑某一方面的创新，而是要全盘考虑整个企业的发展，因为各方面的创新是有较强的关联度的。

三、企业创新的特点

（一）多维性

比如，企业的创新投入系统要分别与各个部门发生关系，在投入决策时必须考虑如下原则。一是要满足创新企业最低必要资金的需要；二是应当把创新的能力作为投资的重要条件；三是要把投入产出风险作为投资的评估条件，同时还要考虑企业的还款保证或能力；四是考虑从什么渠道取得投资的资金。

可见，企业的创新决策是多维决策。

（二）时效性

面对市场环境条件的迅速变化，企业创新有很强的时效性。在过去很长的一段时间内，由于企业组织结构的复杂性及对市场反应的滞后性，企业的决策速度很难满足企业市场竞争的时间要求。即使原来有很好的创新设想，由于决策层掣肘不断、反应迟钝、怕负责任等而一拖再拖，会导致所作出的决策是无效决策，因为说不定市场早已失去或竞争者已先声夺人了。此外，所谓创新，其关键之处就在于创造，因此时效性是创新的重要因素，也是创新决策的一大特点。

（三）多层次性

现代企业的组织结构呈多层次性，企业决策层周围往往是围绕一层至多层的组织，创新可能在企业不同层次的组织中产生，所以创新就呈现出与企业组织结构相对应的多层次性。

要特别指出的是，企业的重要创新，往往是影响整个企业发展前景的战略决策，因此其决策主要是由企业的高层决策者来完成的。而由于这类决策的重要性，决定了这类决策要有智囊团参加，同时还要在可能的情况下征求不同层次组织的意见，这就涉及决策在不同层次中的协调问题。

决策的协调可以是建立在较低层次上的，如征求意见式的；也可以是建立在较高决策水平上的较高层次的协调，如要制定新的企业产业发展方向，以推进企业向更高的程度演变，这样的决策肯定是在高层作出的，而同时是一个在较高层次协调下完成的创新决策。

（四）战略性

企业高层决策往往是战略性的决策。如上所述，重要的创新最终是由高层作出决策。企业的战略性创新决策往往是在更大范围的市场中考虑的，比如许多有雄心的企业往往把市场定位在全方位开放的世界市场中来考虑。

四、企业创新的内容

企业创新的内容几乎包括了企业系统的每一个层面，然而就提到企业高层来决策的创新项目来说，则只涉及与企业的生存、发展攸关的重大问题。比如，一个企业实施提高竞争力的战略，其决策的重点在于提高规模效益，增强竞争力，而且必须明确所追求的是“效益”，而不是“规模”，是为了“提高效益”而增强竞争力，而不仅是为了“扩张规模”，所以决策的要件是效益，关联的问题是规模。对企业的高层决策来说，创新决策包括如何寻找创新的突破口，对创新机遇进行预测；如何保证市场的份额，以创新为基础提高市场竞争力；如何通过创新使企业保持良好的组织形式，建立最佳的激励机制激发企业活力。

（一）机遇预测

在激烈的市场竞争中，企业面临着许多环境条件随机变化的情况。由于条件的改变，企业将面临新的挑战与机会，企业的竞争地位会受到巨大的威胁，也会因此使员工丧失使命感而使企业的凝聚力被削弱。同时，也将给企业的创新带来机遇：一方面，是市场向着本企业发展战略所设定的方向发展，或者是激发企业原来潜在的创新活力，为企业的发展带来各种商机；另一方面，是由于员工在市场压力的条件下迸发出创新的欲望和激情，或者是环境变化给企业员工的创新带来新的机会。这内外两方面的创新机遇将为企业的进一步发展和跃迁产生可能性。因此，企业把握创新机遇，预测成功率，对于制定创新企业的经营战略是关键的环节。

创新机遇的预测需要企业有良好的运作组织，高层决策者要有极为敏锐的观察发现能力。这是因为：不论是引人注目的创新还是微不足道的改进，大多数创造性活动不仅事先未曾计划好，而且完全出乎企业的意料。事实上，有可能存在的情况是，员工在没有企业管理层直接授意和指导的情况下提出了创新或具有潜在用途的新尝试，如果企业的决策者没有用敏锐的眼光去发现，很可能企业的创新机遇在瞬间就会消失掉。因为这些创新萌芽都不是企业管理层规划的结果，任何人包括管理决策层甚至创新者自己，先前都没有想到这些创意会有何特别的创造性。

创新机遇的预测和把握，对企业的决策来说太重要了，把握得准，可以给企业带来丰厚的利润；把握不准，则会给企业带来灾难。

（二）营销创新

在市场经济时代，企业家和市场都认可这样的说法：那些不能创新的经营者，终将摆脱不了被淘汰的命运。企业通过创新经营，在市场的某些领域或层次能捷足先登，就能与企业对手拉开差距，这是确定企业优势的最重要的手段。如前所述，我们认为，对于企业本身来说，只要企业没有做过的、为了达到发展的目的去设计及策划并付诸实施的事情都属于企业创新。比如，某个从事电视机经营的企业，现在策划且进入计算机设计和生产领域，这对于该企业来说，就是创新的行为。

基于这样的观点，我们认为，市场营销创新决策从不同的角度去考察就有不同的内容。例如，从企业的经营行业来看，商业创新决策包括单一经营行业的创新决策和多元化经营创新决策。对多元化经营创新来说，并非仅仅扩大经营领域这么简单，对于进入一个陌生行业的企业，如果没有做好充分的准备，则可能会碰个头破血流。

（三）管理创新

管理决策是组织在内部范围内贯彻执行战略决策过程中的具体决策。它旨在实现组织内部各环节活动的高度协调和资源的合理使用。例如，企业的生产计划、销售计划、更新设备选择、新产品定价、资金筹措等问题的决策即属此类。管理决策不直接决定组织的命运，但其正确与否将在很大程度上影响管理效能的高低，进而影响组织目标的实现程度。管理创新决策涉及的就是管理范围的各个重要方面的创新决策。

管理创新是在经济全球化和信息化的历史背景下产生的。早在20世纪70年代，从日本开始的以“全面质量管理”为核心的战后第一次企业管理大变革，是与工业化时代相适应的生产管理模式。而在信息化的今天，从美国掀起并涉及日本和欧洲的新的企业管理创新的核心，则是“企业重新构建”，其主要内容是：一方面，企业刮起国内和国际并购风潮；另一方面，企业从金字塔形向网络形转变，即变纵向管理为横向管理。此外，还出现企业管理概念创新、公司组织结构创新、企业管理方法创新、企业社会形象创新和企业产品创新等新内容。

从企业管理创新的内容可以发现，企业管理创新决策对于企业的生存和发展越来越重要，其重要性越来越接近企业的战略创新。例如，前面提到的企业的组织结构创新，尽管并没有与企业的命运直接相关，但是组织的扩大对企业的生存影响程度已经很高；又如，企业形象和文化创新是企业的精神状态、企业在社会公众心目中的形象的表现，而这是企业的生命力强弱的重要因素。所以，必须把管理创新决策列为企业高层决策的重要内容。

五、企业创新的趋势

（一）由追求利润最大化向追求企业可持续成长观转变

把利润最大化作为管理的唯一主题，是企业夭折的重要根源之一。在产品、技术、知识等创新速度日益加快的今天，成长的可持续性已经成为现代企业所面临的比管理效率更重要的课题。

（二）企业竞争由传统的要素竞争转向企业运营能力的竞争

提升企业的运营能力，就要使企业成为一个全新的“敏捷性”经营实体。在生产方面，它能依照顾客订单，任意批量制造产品和提高服务；在营销方面，它能以顾客价值为中心、丰富顾客价值、生产个性化产品和服务组合；在组织方面，它能整合企业内部和外部与生产经营过程相关的资源，创造和发挥资源杠杆的竞争优势；在管理方面，它能将管理思想转换到领导、激励、支持和信任上来。

（三）企业间的合作由一般合作模式转向供应链协作、网络组织、虚拟企业、国际战略联盟等形式

现代企业不能只提供各种产品和服务，还必须懂得如何把自身的核心能力与技术专长恰当地同其他各种有利的竞争资源结合起来，弥补自身的不足和局限性。

（四）员工的知识和技能成为企业保持竞争优势的重要资源

知识被认为是和人力、资金等并列的资源，并将逐渐成为企业最重要的资源。企业需要更多地通过组织学习、知识管理和加强协作能力来应对知识经济的挑战，将现有组织、知识、人员和流程与知识管理和协作紧密结合起来。

（五）从传统的单一绩效考核转向全面的绩效管理

传统的绩效考核是通过对员工工作结果的评估来确定奖惩，但过程缺乏控制，没有绩效改善的组织手段作为保证，在推行绩效考核时会遇到员工的反对等。因此，把绩效管理与公司战略联系起来，变静态考核为动态管理，是近年来绩效管理的显著特点。

（六）信息技术改变企业的运作方式

信息技术的发展和应用，使业务活动和业务信息得以分离，原本无法调和的集中与分散的矛盾也得以解决。企业通过整合，能够实现内部资源的集中、统一和有效配置。借助信息技术手段，企业能够跨越内部资源界限，实现对整个供应链资源的有效组织和管理。

（七）顾客导向观念受到重视并发展

近年来，以微软、英特尔为首的部分高科技企业超越顾客的现有需求，采用以产品为中心的经营战略，并取得了巨大成功，由此产生了超越“被顾客驱动”（customer driven）的“驱动顾客”（customer driving）的新思维。这主要是因为随着知识经济时代的到来，企业面对的已不仅仅是现有的份额，更重要的是未来的市场和挑战。不过，能否成功获得未来的市场仍然取决于顾客最终是否认同企业的创新，并愿意为此买单。

（八）由片面追求企业自身利益转变为注重履行社会责任，实现经济、环境、社会协调发展

良好的企业社会责任策略和实践可以获取商业利益，社会责任表现良好的企业不仅可以获得社会利益，还可以改善风险管理，提高企业的声誉。在目前的商业环境下，已经不是“是否应该”实施社会责任政策的问题，而是如何有效实施的问题，大多数商业发展计划都要进行道德评估和环境影响分析。

（九）企业管理创新成主流趋势

我国企业在深化改革和管理创新方面，不断倡导创新精神、激发创新意识、引导创新方向、鼓励创新行为、提升创新能力已成为主流方向。

（十）企业管理创新进入新阶段

当前深化改革到了制度创新阶段，企业管理现代化也必然要进入管理创新的新阶段，也就是说到了建立管理科学的阶段了。

第二节　企业技术创新管理策略

一、企业创新管理方法

（一）树立全方位的创新理念，建立创新激励机制

全方位创新是指组织结构及制度、管理原则及手段和组织文化等，都要讲究创新。在管理方式上，要建立全面的创新激励机制，形成强烈的创新认同感，培育企业强烈而持久的创新价值观；完善企业创新机制，形成强大的创新动力；培育创新文化，宣传创新的价值观念并以此感染员工。其具体方法主要有：健全绩效激励、尊重激励、工作激励、目标激励、参与激励等多种激励方式；设计创新文化网络，营造鼓励创新的开放系统及浓重的创新氛围。这样会形成中高层以上管理人员善于采纳下属意见、员工习惯于采纳同事意见的组织环境。许多跨国公司都建立了合理化建议奖励制度。

（二）提升企业的核心竞争能力

所谓核心竞争能力，是指企业在研发、设计、制造、营销、服务等环节上具有明显优势，竞争对手难以模仿，并能够满足客户价值需要的独特能力。核心竞争能力是企业长期形成的集体学识，尤其是关于如何协调不同的生产技能和有机结合多种技能的工作组织方式与价值提供方式。实现企业的创新管理，其评估尺度在于企业核心能力提升与否。具体做法主要有以下两个方面：一是要注意以市场为导向，形成自身的核心技术，创造核心产品，从而占领和开发市场；二是要注重相互合作，通过市场手段获得企业需要的核心技术和专业人才，建立企业战略联盟，克服企业在技术创新中实力不足的局限，将外来知识有效地沉淀在企业内部，形成自己的品牌特色，达到培育核心技术和提升核心竞争能力的目的。

（三）建立高效的组织与创新管理系统

要发扬学习与创新精神，使企业的组织管理系统有利于创新能力的培养。针对全球化、网络化、数字化趋势，要求设计、创建一种新的企业组织形式，把快捷猎取信息、准确筛选信息、敏锐实施决策作为管理系统的工作目标，以便于在整个企业内部迅速创造并传递新的信息源，使企业保持健康、和谐和可持续发展。

企业创新系统由战略创新、产品创新、工艺创新、组织创新、营销创新和文化创新等要素构成，形成一个相互联系的有机整体。产品创新是企业为顾客创造新价值的体现，同时也影响和改变着供应商的价值。而营销创新一方面直接为顾客创造新价值；另一方面，也通过关系营销网络发现顾客的新价值，从而为产品创新指引方向。为顾客、供应商等创造价值的目标，总是通过具体的产品创新和营销创新来实现的。而产品创新又与工艺创新密切相关，产品创新经常意味着生产工艺、流程的变革，工艺创新则会影响组织创新。

总之，建设企业创新管理系统需要协调好各部分要素，综合关注顾客、供应商的效用要求，更需要企业内部有效的信息交流。

（四）加强创新训练，提升创新管理技能

要加强知识管理、信息管理，做好创新研究开发，加强职业培训和团队建设，优化管理艺术，使企业成为学习型企业。通过不断的学习使企业得到创造美好未来的能量，培养全新、开阔的思维方法，树立信心、转变思想，为实现共同的愿望，也即企业的目标，终身学习、共同学习，不断掌握、积累、创造新知识、新方法、新技能。这是企业发展不竭的动力，能实现工作学习化和学习工作化，造就杰出的人才，培育、造就新型企业家，由此而生发现代企业生生不息的创新源泉。

（五）增强信息创新观念

21世纪，国际互联网（Internet）／企业内部网（Intranet）技术已经渗透企业的办公、生产过程各方面，促使其与外界进行业务交往的手段发生巨大变革，同时也改变了企业内部的通信和信息交流方式。成倍增长的信息、急剧更新的技术、复杂多变的市场，都对企业创新和应变能力提出了高要求，促进了企业运行机制与管理结构的新一轮变革，以及企业内部与市场之间信息交流方式的重大变革。增强信息创新观念，将这些变革应用于企业经营管理，会给企业业务流程、管理模式、组织结构的重构乃至整体发展带来新的机会，并导致产业结构和企业经营方式的变革。

二、技术选择的战略与战术

技术选择是指为了实现一定的系统目标，按系统内外客观因素的制约，对各种可能得到的技术手段进行分析比较，选取最佳方案的过程。技术选择在技术

创新中也称为二次创新，与技术创新的其他形式相比，其优势在于：①技术选择无须花费很长时间，有些也不需要变革现有的主要工艺流程；②完成技术创新的成本要少于其他形式的技术创新，而且引进项目已早早讨论过，风险大为减少；③如果消化吸收效果好，可大幅度提高劳动生产率，迅速赶超国内外先进水平。因此，日本和许多新兴工业化国家和地区都把从国外获取技术，然后消化吸收和创新作为一种很重要的创新模式。它们应用这种创新模式在市场上取得了许多成功，因而已经成为发展中国家利用后发优势创新的一种重要战略。

从发达国家经济发展来看，任何一个国家不可能一直保持技术领先，总是以提高先进技术比重和降低初级技术比重为途径的，所以对一个企业而言，可以在某个单元技术上领先一步，但提高先进技术比重应成为企业技术选择能力的标志。技术选择在企业发展过程中的影响有时是巨大的甚至是最关键的。很多企业在技术创新问题上的感受是：不创新是等死，创新是找死。说的就是企业在面对创新技术选择时无所适从，有的企业盲目选择，结果损失惨重。

技术选择是一种决策，这种决策不仅要就技术本身作出决策，而且要就涉及的更高层次上的问题作出决策。也就是说，技术选择是一个多层面决策问题。而实际上，许多企业仅就技术而选择技术，这样当然避免不了因技术选择不当给企业带来巨大的损失。

技术选择的决策层次性是由技术在企业经营中的功能决定的。例如，IBM这个蓝色巨人的技术选择策略是选择从最小型的、最简单的到最大型的、最复杂的包括软硬件在内的几乎无所不包的技术，IBM的技术选择是与IBM的“四海一家的解决之道”服务经营思想紧密相连的。企业经营需要各种手段，这些手段包括从技术开发到市场营销全部过程的所有内容。根据手段影响面的大小和影响时间的长短，可将经营手段分为战略性手段、战术性手段两类。技术的功能不仅体现在近期效果上，如改进产品可使销售增加、改进工艺可提高质量和降低成本等，还体现在为实现企业战略方向提供基本途径和保障上。因此，企业在进行技术选择时，不仅要掌握技术选择的原则和方法，往往还要在战略与战术上进行分析和决策。

（一）技术选择原则

由于任何一种技术手段都是与一定的经济、技术和社会背景等因素相关联的，不同的系统在其目标、资源、经济、技术和社会环境等方面都存在着差异，适用于本系统的技术手段显然并不一定适用于其他系统，这就要求企业必须根据自身的目标和条件进行技术选择。企业进行技术选择时要同时把握宏观性原则和微观性原则。

1.技术选择的宏观性原则

（1）经济性原则。经济性原则是指企业通过技术创新，选择以最小代价获取最大收益的技术，实现利润最大化、成本最小化。这是技术创新的最根本的要求。

（2）科学性原则。任何技术创新，其选择的技术不仅必须考虑符合企业的利益发展需要，同时必须考虑这一技术自身的科学规定性。科学规定性是单元技术的自然属性，规定了技术选择必须以科学所揭示的规律为基础，着眼于科学与技术之间相互转化的内在机制，将技术创新和技术选择看作科学的应用和规律的物化过程。这一原则要求技术选择必须在现代科学成果与生产的交叉点上，从基础科学研究所发现的科学原理，经过实践的探索得出技术规律和技术原理，即不仅要求技术的依据是科学的、合理的，技术成果有理论指导，而且经过认真周密的验证，证明是合理并且是可靠的。自主创新型的技术创新固然要遵循这一原则，模仿创新和合作创新也应服从这一原则。特别是我国企业应该注重这一原则，切实地根据自身实力统筹规划长远和近期技术创新的目标，以获取最佳的经济效益和社会效益。

（3）社会需要原则。技术创新离不开社会需要的推动，技术选择必须服从和服务于社会的需要。社会需要包括两点，一是社会对企业提供产品的需要，二是企业自身发展的需要。所以，就技术创新而言，社会需要是无止境的，这种无止境的社会需要是企业不断进行技术创新、技术选择时的不竭动力。但这不意味着企业可以主观随意地去确定所选择的技术，而是必须从企业自身实力和环境出发，在科学分析基础上，确定技术创新的程序和序列。一般来说，当企业确定某种社会需要的技术时，必须根据自身情况，从基础研究、应用研究和发展研究等角度确定最佳的切入点，尽可能地提高技术创新所带来的企业效益和社会效益。因此，企业确定某种技术需要，必须在合适的技术能力前提下，正确定位其市场目标和行业目标，既不能超越现有技术发展水平，也不能离开市场需要（包括现实的和潜在的市场需要）和行业发展现状。

（4）可持续发展原则。可持续发展原则在这里主要是指企业进行技术选择时，既要注重技术本身的发展和未来的变化趋势，即技术的经济寿命和技术寿命，同时要注重人与技术的协调发展，即坚持技术与社会、经济发展的协调。

2.技术选择的微观性原则

我国企业在引进技术的选择实务中，还应坚持与企业利益密切相关的微观性原则。

（1）增强产品竞争力的原则。企业要在市场竞争中生存，首先必须使其产品具有市场竞争力。商品的市场需求和企业已有技术的不足是企业对国外技术产生有效需求的核心，是企业引进技术的原动力。也就是说，企业在技术选择时，必须充分以市场为导向。

（2）提高企业自力更生能力的原则。如今，技术弱势企业通过引进技术，形成自身的技术基础，增强企业自力更生的能力，不仅非常重要，而且非常快捷。但技术是经过复杂劳动创造出来的特殊商品，只有经过消化吸收后才可充分掌握，也才能有效使用。引进技术是技术商品跨国界的组合过程，企业必须以技术尤其是软件技术和活件的有效转移为核心来引进技术，并快速实现引进技术的消化创新，才能真正有效地形成自身的技术基础，提高自力更生、自主开发的能力。海尔如果没有对引进技术的快速消化吸收并形成自己的技术基础，如果没有立足于自力更生并不断进行技术创新，在激烈竞争的中国白色家电市场上占据主导地位是没有可能的。

（3）坚持先进适用性与前瞻性相结合的原则。企业在技术选择时，既要考虑到企业自身的技术基础和对技术的现实需求问题，注意其引进技术的先进适用性；也要考虑到企业的长远竞争问题，注意其引进技术的前瞻性。也就是说，企业在进行技术选择时，必须兼顾先进适用性和前瞻性，避免“引进技术—技术落后—再引进技术”的恶性循环。我国许多企业在引进技术后，产品很快就失去了竞争力或一经产出根本就没有竞争力，除了没能快速组织消化创新以外，就是没有较好地把握先进适用性与前瞻性的关系。

（4）坚持硬件技术、软件技术与活件并重的原则。企业在引进技术选择时，不仅要考虑能否从国际技术市场上引进到自己需要的硬件技术，而且要考虑是否能够引进企业必需的软件技术和活件。事实上，企业只有注重软件技术和活件的引进，并最大限度地挖掘出软件技术和活件的潜能，才能把引进的东西全部消化吸收，真正变成企业自己的血肉，才能根据市场需求不断创新，赶上甚至超过别人，否则只能是受制于人。

（5）以国家产业技术政策或技术引进战略为指导的原则。科技的迅猛发展、技术信息的不对称以及我国信息技术设施落后等客观实际，使我国许多企业在技术选择时难以掌握充分的信息，从而在一定程度上导致了技术选择的失误。这要求企业在技术选择时，必须以产业技术政策或技术引进战略为指导，避免企业技术选择的盲目性失误。国外产业技术发展的成功经验也证明了这一点。这也要求国家适时制定产业技术政策和技术引进战略，指导企业在技术引进中的技术选择。

（二）技术选择战略

技术选择是企业技术创新中带有战略性的全局谋划，除了带有空间上的全局性和时间上的长期性外，由于技术和市场等因素的影响使之还带有层次性、系统性和风险性；进行企业技术选择战略决策的前提是企业必须明确企业发展的战略目标（包括阶段性战略目标），在此基础上对技术选择进行基本定位，包括产业定位、市场定位、技术定位三个方面。

1.基于产业定位的技术选择战略

技术选择的产业定位是指所选择的技术用于什么产业或在什么产业选择技术。企业的技术选择产业定位有三种基本选择：①保留在原产业中；②退出原产业；③进入新产业。技术选择的产业定位在技术发展的整个过程中特别是在技术发生跳跃时是非常重要的。

产业定位可指企业根据产品的市场竞争态势和企业实力，确定企业产品创新的对策。当一项技术创新的涉及面不仅是几个企业，而是整个产业时，创新与否就关系到产业的命运。因此，企业技术选择时必须注重产业定位。

对企业技术创新进行产业定位时要注重对产业所处阶段的分析和对企业长期战略的分析，同时还要分析企业优势和竞争者态势。分析企业自身的优势可以参考企业实力、产品的市场竞争力两个参数，把企业要开发的产品划分为九个象限，每种产品都可以找到其象限位置，从而决定其发展的策略。

2.基于市场定位的技术选择战略

在技术不断发展的趋势下，任何企业的产品都有其市场寿命，而且这一寿命周期有不断缩短的趋势。面对竞争，企业力图保持其产品的竞争力，必须不断适应市场，其现有产品和开发的新产品都必须有合适的市场定位。营销概念中的市场定位主要是指对于企业选定的目标市场，企业根据市场的竞争情况和客户的主观偏好，结合企业的自身条件，确定本企业产品在目标市场上的竞争地位。

技术选择概念中的市场定位可理解为企业根据市场环境和自身实力，为所选择的技术、生产的产品选择一个合适的目标市场，以之确定市场创新的类型。企业的市场定位与企业的产品与技术选择有关，为了达到市场目标，一般采取如下技术性选择：改进老产品或开发、设计新产品；改进工艺；改进包装；降低成本；改变营销技术；等等。

技术选择的市场定位有两种基本取向：一是企业现在所处的市场，二是新市场。已处于某产业市场中的企业在竞争者中面临两方面的任务：一方面，是巩固和扩大在现有产业中的地位；另一方面，则是增强产业壁垒，与新进入者竞争，特别是面对新进入者的威胁时，已有产业内企业可以通过强化产业壁垒阻止外部进入。而当企业力图进入一个新的产业时，关键就是要打破产业壁垒。即在产业发展的初期阶段，在技术选择上基于“产品功能差别化”考虑以更新、更优功能的产品技术去占领市场。在产业发展中后期，新进入者应立足于市场细分，技术选择一是以“产品品种差别化”为主要方向，并寻找性能、价格有竞争力的替代产品技术，以突破产业壁垒，取得细分市场份额；二是寻求降低成本的新材料、新工艺技术，创造成本优势，突破价格壁垒，同时提供有特色的、便捷的服务，辅助产品性能和价格优势的实现。

技术选择概念与营销概念中的市场定位有相似之处，两者在基本要素上是一致的，都必须从市场环境、企业能力等方面进行测评，然后才能做好市场定位决策。而且，从技术创新角度来看，营销概念和手段是对传统的市场推销的创新。所以，这里主要从市场定位的基本要素来探讨技术选择概念中的市场定位的主要内容，其表现为以下三点。

（1）市场环境研究是市场定位的前提。

①同类或相似产品在市场中的态势研究。一是所选择的技术生产的产品是供大于求还是供不应求（买方市场还是卖方市场）；二是相关因素分析，如该产品的市场容量、用户的要求和喜好等。

②市场规模与发展情况。一是该产品市场规模的大小，二是队市场增长率的估计。

③市场中同类产品利润变化情况分析。

④市场结构优势分析。

企业所选择的产品可能具备理想的规模和发展，但就盈利而言，却可能缺乏优势，所以要确认：第一，市场中是否有强大的竞争者？第二，市场中是否有许多替代产品或潜在的替代产品？第三，市场中购买者的实力及结构如何？包括一般用户、集团购买者、机构购买者、政府购买者、国际购买者的分布和比例；他们的文化、经济、生活方式、喜好情况；主要原料及供应商情况及变化趋势。

企业只有弄清以上情况，才能确定重点目标市场，开发相关产品适应市场、细分市场。细分市场可从用户需求出发确定横向细分市场目标，从产品的交易和生产链条确定纵向细分市场。这样，企业进行技术创新的技术选择时，才具有针对性，或开拓新市场或巩固已有市场或扩大原有市场（使滞销产品找到畅销途径）。

（2）企业的市场适应能力研究分析是市场定位的基础。

①企业的公众形象及品牌信誉情况分析。

②企业对市场的占有率情况研究。

③企业占有的最具优势的市场、最具扩张潜力的市场、最陌生的市场分析。

④企业拥有的和潜在的客户群分析，包括人口分布趋势，收入、储蓄、信用等发展趋势，文化程度、生活方式、偏好特点变化趋势等。

⑤企业维护原市场的优势及威胁分析。

⑥企业进入市场的能力及障碍分析。

⑦企业开发新市场的能力分析，包括：新市场的不确定性因素分析（用户、市场需求、市场成长速度等）；防范潜在竞争者的组织、技术、营销能力分析。

⑧与新技术、新产品相关的政治、经济、文化、法律、标准等对企业的影响和带来的变化等情况分析。

避免或减少市场风险、取得市场创新的成功，是企业市场定位选择的理想。故此，企业必须从自身适应市场能力的优势出发，选择合适的市场创新点。一方面，要从市场变化的实际出发，合理投放资源，不能过分强调市场创新的强度，做力所不及的市场创新，其结果只会分散注意力、分散有限的创新资源；另一方面，又要量力而行，及时抓住机遇，以产品开发和技术储备为基础，力求依靠市场，真正加强自身市场竞争优势。

（3）确定市场创新的类型是市场定位的主要内容。

确定市场创新的类型包含诸多要素，如产品、价格、顾客、服务、营销方式等，我们不妨借用技术创新的类型，将之分为自主创新型、模仿创新型和改进型三种主要的形式。

①自主创新型的市场创新。

自主创新型的市场创新是风险性最大、创新程度最高、涉及面最广、潜在利润最大的市场创新方式。如率先推出全新的产品、开辟新的市场销售渠道、采用新的广告媒介、推出全新的销售服务、采用新的交易方式和促销方式、进行全新的价格定位等。

一般来说，自主创新型的市场创新由于其风险较大等特点，企业必须做好大量的市场环境研究。尽管一个企业不能做到其中的全部环节的完全创新，但可以根据自身情况确定选择其中的一个方面作为市场创新的突破口。比如企业产品的价格定位，从理论上说，处于导入期的新产品，高价位可使企业在短期内取得较多盈利，低价位则可获得最高的销售额和最大的市场占有率。但对于不同实力的企业，还必须考虑该产品本身的质量和市场前景、市场同类产品情况、消费者心理、企业产品信誉度等，只有在综合的市场调查和分析基础上才能得出合理的价格定位。

②模仿创新型的市场创新。

模仿创新型的市场创新是指利用已有的自主创新市场（包括企业自身的和别人的）进行再创新的方式。模仿创新型的市场创新也具有一定的风险性，但由于其承担的市场创新成本较少、风险小，相应所获得的市场创新收益却可能比自主创新多，所以可以为实力较强的企业（产品处于市场寿命成长期，为扩大市场份额）、实力中等的企业（产品处于市场寿命的幼年和成长期，为扩大企业实力）、实力较低的小型企业（产品处于市场寿命的幼年期，为扩大企业实力）所采用。这一模式的基本特征在于其模仿性，模仿者可通过多种途径细分市场、发展自己。

社会需求的多样性和情况的复杂性，决定了市场细分的可能性。模仿创新型的市场创新不仅可以直接从用户出发，在对用户的需求、购买力及对产品和购买方式的要求进行详尽分析之后，再确定重点目标市场，开发产品适应市场；而且可以从产品市场寿命和自然寿命的角度，从某个中间环节选择进入市场的突破口，参加到该产品分配中共享市场利润。

③改进型的市场创新。

改进型的市场创新是一种市场扩散的市场创新方式，这一方式所要求的创新程度低、风险小，其特点是“拿来主义”，既不需要作出产品、服务、市场定位、包装等方面的创新，也不需要在市场的组织、营销等方面的创新，只要在产品和技术首创者的许可下，“大树底下好乘凉”，配合其他企业特别是自主创新型的企业，扩张市场占有份额，以从中获取市场利润的分成。这一方式可以作为实力不强的企业参与激烈的市场竞争的一种策略选择。

3.基于技术定位的技术选择战略

技术定位主要是指企业根据内外环境确定自己主产品的技术类型、技术档次、技术含量，以尽可能地节约成本、开拓市场。技术类型的基本选择主要是指产品技术和工艺技术两种类型的选择。

从我国对外技术交流情况来看，尽管软技术引进方面的金额逐年增长，但成套设备和关键设备的引进金额占很大比例，这也是我国技术贸易中逆差来源的主要原因。

从我国引进的技术结构来看，由于引进成套设备和关键设备的方法很难得到真正先进的技术，故政府和企业应调整引进方式。日本和德国在过去半个世纪中也都注重引进技术，但多注重引进专利、技术许可证等软技术，并特别注重技术的开发。这一点应引起我国企业在进行技术定位时注意。

技术定位的作用主要表现在以下方面。

（1）决定产品生命周期。当一个企业的主产品的技术含量处于市场强竞争态势时，即产品处于导入期，这时该产品的市场销量增长缓慢；当处于一般和弱竞争态势时，产品则处于成熟至衰退期。企业需要根据内外环境确定技术选择。

（2）决定产品生命周期能否延长。当企业的主产品的市场竞争力减退时，即消费者对该产品逐渐失去兴趣，则产品势必急速退出市场。为延长其市场生命周期，企业可通过工艺创新、营销创新等手段，尽可能地获取利润。

正确进行技术定位的前提是进行技术预测和技术评价，即对技术发展趋势、技术发明和技术应用进行预计和推测，然后对技术和相对应的项目进行可行性评价和实施结果的分析，从而为技术选择和决策提供依据。最后，根据产品细分市场的特点、用户的需求特点和支付能力、竞争态势及对价格的影响、生产能力、原材料及配件供应、配套技术获取和支持等进行技术选择。无论一个国家还是企业，都不仅要关注同类产品中的先进技术，而且要注意中级技术和初级技术，根据自身实力进行技术定位和选择。

第十章　企业绿色创新策略

第一节　企业绿色创新的定义和动力源

一、企业绿色创新

（一）绿色创新的概念及内涵

人类社会在创新理念和创新实践的不断推动下飞速地前进，同时，人们也越来越认识到创新的重要性和巨大力量。无论是政府还是企业，都在积极地推动着创新事业，加入创新的行列，以期在不断加剧的竞争中占据有利地位和战略上的主动。随着人们认识的不断深化，人们对创新的思考也开始全面起来，单纯“技术创新”的局限性日益为人们所重视。

人们为什么要对传统的被证实行之有效的技术创新理念和系统质疑？为什么要反思创新之路？这看似突如其来的变化，其实有着深刻的时代背景。要搞清楚原因，我们必须从人类社会的发展经历说起。在传统的发展道路上，人们通常关注的是速度和效益问题强调和重视发展的高速度和高效益，而忽视了发展所带来的一系列问题特别是对环境的影响。这种单纯强调发展忽视客观环境的模式所带来的危害最终一步步显现出来，尤其是在人类发展的加速过程中，危害的程度也在加剧。进入20世纪70年代，“环境危机”和“能源危机”相继出现，这正是人类单纯强调发展、追求进步的恶果。同时，人类在自身高速发展的同时，也一直在思考着自身与环境的关系，逐步开始正视人类发展对环境造成的不良影响。在这种情况下，许多有识之士开始站出来向全社会呼吁保护环境，避免对环境的巨大破坏。20世纪60年代的著名科普作家蕾切尔·卡逊在其代表作《寂静的春天》一书中，就为大家描绘了环境为人类使用的DDT杀虫剂所污染的场景，由于大量的污染，人们再也看不到青山绿水，听不到鸟儿的歌唱。此书一经出版立即在全世界范围内引起巨大的反响，这也被认为是现代环保思想的起源。此后，在各界的共同关注和宣传下，特别是在人们越来越多的亲身感受到环境危害的情形下，环保思想开始深入人心。而这一思想的广泛传播和发展，加上"环境危机"的加剧，使人们在发展过程中不得不重新审视"环境—经济—社会"之间的关系，不得不强调和谐的可持续发展。

环境问题的日益严重和可持续发展观念的深入人心，带来的是人们对过去发展道路的思考特别是对发展动力的思考。技术创新作为人类发展的主要推动力量，是人类首要思考的方面。传统意义上的技术创新是以单纯提高人类生产活动效率为着眼点的创新实践，在这种创新活动中人们希望在效率提升的基础上使生产利润增加，最终实现经济、社会的发展。在传统观念下，人们开始了以技术为中心的大范围创新工作。可是，这种创新只是单纯强调了经济增长和社会发展，没有能将"环境—社会—经济"看成一个有着紧密联系的整体，统筹兼顾地考虑问题。缺乏这种统筹兼顾的思想，使人们在创新过程中不可避免地以危害环境为代价来进行发展。大量的技术革命带来的是大范围的环境问题，技术创新越是加速，环境压力就越是巨大。而人们在享受着技术创新成果的同时，又不能不为环境问题买单，遭受着大自然无情的报复。环境问题的日益凸显和加剧，加速了人们的思考。人们开始意识到，"环境—社会—经济"三者是相互联系不可分割的整体，在用技术创新推动人类发展的道路上对三者必须统筹兼顾。

时代的要求呼唤着新的发展理念，绿色创新理念由此诞生，成为人们推崇的新的发展推动力。绿色创新是建立在传统技术创新基础上的一种创新模式，而又与技术创新有质的区别。绿色创新不是技术创新的改头换面，更不是技术创新的衍生物。绿色创新汲取了技术创新中创新加速经济发展的思想精髓，同时以全面的、系统的眼光看待"环境—社会—经济"三者之间的关系，将三者作为一个有机的整体来考虑问题，从而能够通过创新实现可持续的发展。绿色创新要求在创新过程中以可持续发展观作为根本的指导观念，在生产中使用清洁生产等技术，以达到大力推进循环经济发展的目标。由此可以看出，绿色创新是与技术创新既有联系又有区别的一种全新的创新理念。绿色创新的根本目标是希望人们在这一理念指导下，大力发展绿色产业和产品，大力发展循环经济使经济走上可持续发展之路。

（二）企业绿色创新

从创新到技术创新再到绿色创新，本质上都是社会前进、经济发展的重要推动手段。创新对人类发展有着举足轻重的作用。那么，在现实中创新的实施主体是谁？谁正在通过创新来推动社会发展呢？问题的答案无疑是——企业。

自资本主义在全世界兴起以来，作为基本经济单位的企业就自然而然地成为社会的重要组成部分。企业通过个体的发展进步，来完成推动社会进步的重任。特别是进入现代社会企业已经成为全世界重要的组织形式，其蕴含的力量也是极其巨大的。

企业就其自身而言，存在的最大动力和先决条件是获取利润。那么如何在激烈的市场竞争中占据有利地位，最大限度地提升自身竞争力，从而获得更高的利润呢？创新成为企业生存和发展的关键，以创新加速生产，以创新赢得竞争，以创新带来新的利润源，已经成为企业的共识。创新理论的根基就是建立在熊彼特对企业发展的研究之上。而企业在从创新到技术创新的道路上也都扮演着排头兵的重要角色。随着技术创新理念逐渐被新兴的绿色创新理念代替，企业也到了重新选择发展方式的关口，企业是否接受绿色创新观念，是否能及时地把绿色创新理念运用到自身的生产、经营实践当中，也成为绿色创新活动成败乃至可持续发展成败的关键点。

现实大环境也成为绿色创新理念深入企业的主要条件。一方面，环境问题的加剧，环保意识的提高，使人们越来越倾向于使用绿色产品，也越来越关心产品的生产过程是否绿色化。社会大环境的改变要求企业的转变，迎合市场的需求，生产受欢迎的产品，企业才能继续生存和发展。绿色化的要求使企业不能再单纯地以技术创新作为发展的推动力，引入绿色创新理念势在必行。因此，只有用绿色创新系统指导企业的生产经营实践，生产更多被人广泛接受的绿色产品，才能使企业最终继续生存和发展。另一方面，企业也越来越看到传统的技术创新模式已经越来越不能适应现实环境的要求。能源的日益匮乏、环境标准的提升使片面强调高效增长的技术创新之路举步维艰，很难再为企业带来巨大的经济效益。企业开始意识到，虽然创新对企业发展仍是必不可少的组成部分，但是新时代的创新不能再走原来孤立片面看待问题的老路了。在如今的大环境下，必须打破原有

的理念和模式，引入绿色创新观念和模式，在企业建立新的绿色创新系统，从而推动企业的发展和进步。

绿色创新对企业有着不可估量的重要作用。但需要指出的是，绿色创新不单是企业的一种新的创新理念、创新模式，企业引入绿色创新理念建立适应自身的绿色创新系统，其最终目的是使企业由一般企业向绿色企业转变。企业通过建立相应的绿色创新系统，指导企业在生产、经营等一系列活动中实现绿色化，促使企业走上可持续发展之路，这才是绿色创新对企业的真正意义。建立具有良好社会形象的绿色企业生产、销售更多更好的产品，不仅将使企业自身得到实惠，同时更多企业在向绿色企业迈进的过程中，也必将带动整个社会的可持续发展步伐，促进社会的进步。

二、企业绿色创新的内在机制

创新是一个不断向上呈螺旋式发展的过程。创新活动包括了对制度机制等的创新，这是创新的全面性、彻底性的要求。人类的创新活动发展到今天，已经进入了一个绿色创新的时代，单纯的技术创新等已经不能满足时代的要求。创新活动的变化要求与之相适应的机制出现来促进这种变化、适应这种变化。企业绿色创新机制的出现正是与绿色创新活动全面开展相适应的结果。

绿色创新是创新活动的一次大的飞跃。在进行绿色创新的过程中，人们以可持续发展的理念为指导，全面地将“环境—经济—社会”看作一个有机的整体，全面考虑整体中的各种因素，以此来作为创新的出发点。环境、经济和社会因素使绿色创新的过程更加复杂，更具有多元性。面对这种新兴的创新活动，如何更好地推进其开发，激发其潜力，成为人们关注的焦点。而创新机制的改变是人们首要想到的关键步骤。面对新的环境、新的竞争，传统的创新已经难以使企业取得较大竞争优势，难以使企业在前进道路上越走越顺。企业要生存要发展就必须转变创新观念，改变创新模式，走绿色创新之路。企业的绿色创新之路要求必须先建立相应的绿色创新机制，改变旧有观念和机制。

企业的绿色创新机制是一个不同于以往的新的创新机制，它的主要作用是保障企业绿色创新活动的顺利进行，以及推动企业绿色创新活动的向前发展。建立企业绿色创新机制是对企业旧有创新机制的一次全面改造，要求在企业内部建立一整套完整的机制，如激励机制、绿色技术创新机制、绿色管理机制、绿色供应链运行机制等，以适应绿色创新活动，在可持续发展的思想下对企业旧有的经营

模式、运营机制进行全面的升级改造，用绿色管理对企业进行控制，用倾向绿色环保的激励机制推动企业的前进。总之，企业的绿色创新机制是创新机制的一次大升级，它一改以往的单一注重从技术方面促进创新的模式，全面地对企业各项机制进行改造，以期建立一套相互联系、相互作用的机制，全面地、深层地推动企业绿色创新活动，并最终带动企业由一般企业向绿色企业的转变。

三、企业绿色创新的发展动力

企业组织作为人类组织的一种常见形式，是人类社会的重要组成部分。特别是在当今强调各国经济实力、综合国力的竞争背景下，大力发展企业已经成为提高社会发展水平，提升综合国力和国家竞争力的重要途径。“组织”是一个生物学的名词，从生物学上讲组织是能够生长的，具有成长特性。管理学领域从生物学引入“组织”这样一个名词并将企业看作企业组织，很重要的一个原因就是企业也具有可成长的特性。企业通过自身发展由小变大，由弱变强，其内部结构也由简单变得复杂。可以说，企业从建立开始就在不停地发展之中，直到其最终消亡。从生物学角度上讲，外部刺激如营养的注入、组织之间的竞争等，内部的变化如细胞分裂等都是组织不断成长、不断壮大的动力。而企业之所以从成立之初就在不断地发展、不断地成长，也是由企业内外部动力决定的。

（一）内部动力

企业组织从根本上说是一个人造系统。这个系统首要的任务是生存和发展，就如个人的首要追求一样。因此，生存和发展也被认为是企业创新的根本动力。从企业的生存和发展来说，存在着内部的动力和外部的动力。企业内部动力因素主要包括企业追求利润最大化的推动因素、企业内部各种创新要求的推动因素等；企业的外部推动因素主要是政策和法律等社会层面因素的共同作用。我们先讨论一下企业创新的内部动力。

企业要生存和发展，练好内功是必不可少的。所谓练好内功，就是要求企业不断理顺自身的经营机制，在发展过程中根据现状能不断调整内部的管理方式方法、管理模式，以适应发展的需要。从生产角度来讲，企业要不断引进先进的生产技术，同时提高自身的技术创新能力，使企业的各类产品具有很强的技术含量，从而能在竞争激烈的市场上取得一席之地。总的来说，练好内功的目的就是不断提升自身的综合实力，使企业具有竞争力，能够在激烈角逐的现实中生存

下去、发展下去。生存和发展是不可分割的两个部分，企业想生存就必须通过发展壮大自己，使自己具有一定的竞争优势，有一定的存在基础。而生存是企业发展的前提和根本目的，企业发展的方向永远是朝着企业能够更好生存的方向，企业的发展绝不是漫无目的的，失去前进的目标只会使企业最终难以逃脱灭亡的命运。那么，企业如何取得发展？企业如何能在发展之路上走得更好一些？企业走什么样的发展之路才能更好地生存下去？带着这一系列的问号，我们回到了本节的重点——创新，更精确地说是绿色创新。用可持续发展的要求作为企业发展的根本理念，可使企业走上循环向上发展的道路。绿色创新正是这一理念下的产物，通过绿色创新可以从容地推动企业可持续发展。绿色创新也将成为企业发展的内外部动力。

绿色创新模式可以一改企业以往单纯依靠技术创新的一些弊病，使企业发展得更好、更快。在以往的技术创新推动下，企业往往只把注意力放在产品和市场开发上，而忽视了对企业内部的组织结构、管理机制等的创新，结果导致内部的问题影响到新产品的开发和推广，使企业的创新事倍功半，严重影响了企业的效益，这也是内部推动因素不能很好推动企业前进的原因之一。在绿色创新的理念支持下，企业的创新将不再局限于技术、产品方面，企业要实现全方位的创新，应从经营和技术两大方面进行绿色创新。在经营上，绿色创新要求企业根据环境的变化和产品的市场的导向，不断调整自身经营理念和机制以适应改变；在技术上，绿色创新强调产品的功能性和环保性，以使企业能最大限度地降低成本，满足企业的效益。在企业内部发展动力的驱动下，结合绿色创新方式，企业才能更好地发展。

（二）外部动力

企业存在于一定的环境之中，与环境中的各方面因素有着千丝万缕的联系。环境的影响也会构成企业发展的重要动力。具体来说，企业发展的外部主要推动因素有政策因素、法律因素和社会因素等。政策因素指的是国家的发展方针和在发展中所颁布的一系列政令对企业发展的影响因素；法律因素是指国家颁布的法律对企业所处环境加以改变进而对企业的影响；社会因素比前两种因素包含的内容要更广泛一些，主要是指企业所处环境中社会文化（如消费者观念、生活习惯等）、经济技术的发展等对企业发展的推动。

我们从政策、法律和社会三个方面具体来分析今天的企业所处的环境。可持续发展的理念已经成为当今世界发展的重要理念，它深深影响着政策、法律和社会三个方面因素。从政策角度来看，为贯彻可持续发展理念，各国纷纷出台相应的政策，鼓励发展可再生产品，走循环经济之路。从法律角度来看，为了配合各国的可持续发展政策，各国出台了大量相关法律，以保障政策实施。目前来看，各国主要是出台了大量的绿色标准和清洁生产标准来限制企业和个人对环境的污染，引导大众走绿色之路。其中的标准如德国蓝天使、欧盟标准等。从社会角度来看，由于环保观念的普及，环保意识已经逐渐深入人心，人们开始倾向于消费绿色产品，避免污染和浪费。同时，人们看到污染的危害，对绿色指数低的产品也越来越不信赖，所以作为消费者来说，其购买导向越来越多地转向了绿色环保产品之上。

综上所述，现实环境已经发生改变，无论从哪个角度来看，企业发展的外部推动力都在鼓励企业走循环发展、可持续发展之路，企业也必须适应这种要求，理解这种要求才能更好地前进。

第二节　生态文明视角下的绿色创新策略

一、绿色创新与生态创新

为了帮助企业在为创建可持续社会作出贡献的同时又保持其竞争力，世界可持续发展商业理事会（The World Business Council for Sustainable Development，WBCSD）提出了“生态效率”概念，这个概念是 1992 年联合国环境与发展大会期间提出的工业对可持续发展的重要贡献之一。

WBCSD是这样定义“生态效率”的：在降低商品和资源全生命周期的环境影响，把环境影响程度至少保持在地球承载限度之内的前提下，通过提供有竞争力的商品和服务价格而满足人们的需要并提高生活质量。提高生态效率的目标就是采用与生态可持续社会协同并进的生产方法。此外，此概念还包含一系列其他围绕着可持续生产和制造的重要概念。21世纪以来，原初的生态效率概念已作为工业生产和商业决策原则获得了广泛的关注，且已被浓缩为一个简单的口号“用得更少，做得更多（doing more with less）”，即用更少的资源，并更少地产生废弃物和污染，而产出更多的商品和服务。这一运动已产生了多种概念和方法，如环境监管和审计、环境战略等。企业运用这些概念和方法可以在生产中提高生态效率。

为了提高生态效率，企业乃至许多社会组织都必须扭转创新方向：由不考虑环境影响的创新转向绿色创新。所谓绿色创新，就是注重减少废物、防止污染并实施环境治理的创新。实施绿色创新就是要求企业在生产中选择环境友好的材料，在生产过程中选择低耗能的材料，最大限度地节约材料；要求在产品开发过程中，使产品易于再利用、循环利用和降解；在生产过程中有效地降低有害物质和废弃物的排放，循环利用废弃物，降低水耗和能耗。

绿色创新也就是生态创新。较长时间以来，生态创新主要集中于环境技术的发展和应用，如今有越来越多的超越于此的要求。这反映了对创新之非技术方面的理解的加深，非技术生态创新包括组织创新、营销创新等。这也表明了一个事实：聚焦于可持续发展的生态创新要求整个社会的广泛改变。

生态创新在两个重要方面不同于常规的创新。

第一，由于生态创新是明确代表降低环境影响（无论是有意的还是无意的）的创新，所以不是一个没有限制的概念。第二，生态创新不限于产品、加工、营销方法和组织方式的创新，也包括社会和制度结构的创新。这便表明了这样一个事实：生态创新的范围已超出了通常的创新公司的组织边界，而包含了更大的社会空间。这种创新涉及社会规范、文化价值和制度结构的改变，要与供应链中的竞争者以及诸如政府、零售商和消费者等其他利益相关者协作。

从根本上看，绿色创新或生态创新的兴起代表着人类创新方向的根本转变：由追求征服力增长的创新转变为谋求人类与自然和谐共生的创新。这种创新才是真正可持续的创新，这种创新所推动的发展才是绿色创新，绿色创新才是真正可持续的发展。

二、绿色创新策略

（一）绿色技术创新引领流域产业经济高质量发展

一是加强绿色技术创新顶层设计。中央层面可以制定以绿色技术创新引领流域产业经济发展的相关规划设计，明确发展战略目标，保障同一流域上中下游、不同流域干支流之间科学合理的战略规划布局。地方层面应紧扣顶层规划，颁布具体可行的政策、措施，形成完善的发展规划体系。同时，应强化绿色技术生产企业和研发机构的创新主体地位，加大绿色技术创新投入，既要完善相关基础设施和服务组织建设，协调创新要素配比，保障创新主体权益，也要确保绿色技术创新质量，促进高新技术外溢扩散，以绿色技术创新引领流域内相关产业高质量发展。

二是完善绿色技术创新体制机制。目前，我国部分企业仍存在核心技术创新突破能力较弱、创新成果转化率较低等问题。由此，政府应完善绿色技术创新激励措施，建立自然资源资产产权制度，健全专利保护制度，以此提高创新主体的积极性，并促进企业合理运用自然资源、控制有害废料排放。同时，应通过健全法律法规体系及进一步深化经济体制改革，推动绿色技术生产标准化，提高绿色市场准入许可，降低绿色技术产业运营成本；提高非环境友好型产品市场准入标准，发展生态环境友好型、资源循环利用型生产体系。此外，应构建产学研深度融合新模式，建立企业、高校和科研院所之间的创新协同体系，提高企业创新层次，并将高校和科研院所等机构的科研成果转化为实际效益，实现绿色技术的市场化和产业化，保障创新效益。

三是形成绿色技术创新理论体系。形成可持续发展的绿色技术创新理论体系，有助于绿色技术不断更新升级、推陈出新，能够为以生态环境保护为前提的流域产业经济发展提供技术支持。应把绿色创新理念摆在突出位置，聚焦绿色技术创新最前沿并紧扣流域产业经济转型发展；加大财政资金投入，通过建立绿色技术创新专项科研基金等方式鼓励相关的理论与应用研究；培育绿色技术创新人才，为绿色技术创新理论体系扩充完善注入源源不断的动力；推动绿色技术与人工智能、互联网、物联网等技术的融合发展，不断拓展丰富绿色技术创新理论体系的内涵。

（二）提升城镇化绿色创新质量

我国目前新型城镇化存在着发展质量不高、区域发展不平衡等问题，因此需要采取相应举措来促进新型城镇化建设。

一是要促进区域间协调发展。首先，要挖掘自身优势，因地制宜，集中优势资源，推动经济增速、生态文明建设、农村人口向城市转移、技术创新进程，不断夯实发展基础；其次，要强化与周边地区的合作发展，将物质资源、人力资源、技术资源进行共享，发挥发达地区的辐射带动作用，加强项目合作和理念交流，实现产业协同发展，以优势产业带动劣势产业；最后，应该建立区域间合作共享机制，制定相应政策，加快政策落实，促进资源的高效配置。

二是要推进产业转型升级。首先，大力发展第三产业，促进服务业发展。第三产业具有较强的就业容纳量，可以提供充足的就业岗位，因此可以大量吸纳向城市转移的农村人口。要注重对农村劳动力的素质培养，通过技能培训、实习锻炼等方式提升农村劳动力的素质，让农村人口更好地适应城市岗位，提升农村劳动力的工资水平。其次，要进行产业调整。应当结合当地优势，发展适宜的产业，建立优势产业体系，淘汰劣势产业，发展新兴产业，扶助传统产业。

三是要提升公共服务质量。首先，要加快基础设施建设，推进图书馆、公园、博物馆、停车场、公路等公共基础设施建设，满足居民多样化生活需求。其次，要优化污水治理、垃圾处理和城市绿化，改善城镇生态环境，满足绿色生活需要。再次，要积极推进养老保险、失业保险、医疗保险等社会保险的覆盖率的提升，维护好居民利益，让各项优惠政策真正落实。最后，解决农村人口转移之后的住房问题及子女教育问题，要保证住房供给的稳定及教育资源的公平分配。

四是要推进绿色城镇化建设。首先，在城镇化进程中要始终坚持绿色创新理念，贯彻绿水青山就是金山银山的生态理念，在节约资源和保护环境的过程中推进城镇化建设，让城镇化建设真正惠民利民，走绿色创新之路。其次，要积极推进城镇绿化建设，提升绿化覆盖率，建设生态公园，开展植树项目，打造绿色城镇。最后，做好污染整治工作，让企业不再犯、不敢犯，同时要提升城镇居民的低碳环保理念，让低碳生活成为新趋势。

（三）加大各区域对外开放力度

对外开放在促进我国绿色创新的过程中起着关键的作用，因此应该从绿色创新角度积极开展对外开放，合理规划对外开放布局。

一是因地制宜开展对外开放。各地政府应依据本地区实际发展状况制定适宜的对外开放政策，让各种资源要素能够精准高效地发挥作用。对于地理位置处于劣势、经济发展水平不高、对外开放程度较低的地区，应该积极构造具有吸引力的营商环境，制定多元的优惠政策，积极引入外资企业，让外资企业连同技术、资金、人才融入地区发展，助力地区发展，加大对外资企业的政府服务力度，加快高技术企业的发展。同时，应注意经济发展过程中对生态环境的损害，应坚持走低碳环保的绿色创新之路。对于经济发展水平更高、对外开放程度较高的沿海地区，应进一步加大对外开放力度，引资引智引技并举，优化完善对外开放格局。同时做好地区联动、地区间的交流合作，让技术、资金、资源等要素合理配置，发挥最大效能。

二是要加强要素的国际流动。首先，要积极助推资本在国际流动，积极引进外资。不仅要注重引入外资的数量，同时更要注重引入外资的质量，以及引入外资之后的应用状况。在资金引入的过程中，应充分考虑地区发展的现实状况，着眼于全局，依照区域未来的发展规划进行外资引入。应当引导外资投入中部、西部和东北地区，带动不发达地区的发展，保证区域间的平衡发展。同时应将外资合理投入具有高技术附加值、节能环保的高技术产业，带动国内环保行业的发展。其次，要积极引入国外先进技术，侧重于对国外清洁环保技术和新能源技术的引入，从而带动国内绿色环保技术的自主研发，在各种技术创新并行的状况下，提高国内整体技术发展水平，助推绿色创新。最后，应积极引入国外先进的环保理念和环保政策。通过对国外可持续发展经验的借鉴，取其精华，去其糟粕，结合本国实际，建立完善适合本国的生态环境保护制度。同时应建立适用于环境保护的法律制度，让法律制度为我国绿色创新保驾护航。

三是要积极推进“一带一路”建设和人类命运共同体建设。要在“一带一路”和人类命运共同体的建设过程中，将绿色创新的理念贯穿其中，加强国家间生态环境保护的交流沟通，在可持续发展过程中推进国家间的合作。

（四）推动生产生活绿色化转型

绿色创新与生产生活密切相关，推动绿色创新要实现生产生活的全面革新。

一是要加强对绿色产品和服务的管制力度。首先，要制定和完善绿色产品和服务的检验标准，包括生产标准、消费标准、售卖标准和行业标准等；其次，要建立信息披露系统，避免信息不对称和信息不完全，保证绿色产品和服务生产全过程的信息公开、透明；再次，要重视对于绿色产品的认证过程，设立国家认证机构，对于民营认定机构要做好监督管理，保证对绿色产品的认证结果无误；最后，要落实对绿色产品和服务的优惠政策，以鼓励企业的绿色转型发展。

二是要加大环境规制力度。首先，要对高耗能高污染的企业进行规制，加大处罚力度，提高违法成本，同时要帮助违规企业进行技术升级，走节能环保之路。其次，要加强节能管理，制定相应的奖惩制度，设立群众举报渠道，加强监督。最后，要注重环保理念的宣传推广，要让公民在思想上作出转变，形成全社会的绿色创新观念，让保护生态环境成为自觉。

三是要完善生态环境保护的法律制度，让绿色创新有法可依、有法可循。首先，要逐渐完善有关生态环境资源的产权制度；其次，要保证国家权益，明确国家产权，同时让对环境造成污染的企业进行生态补偿，作侵权处理；再次，要建立政府部门有关绿色创新的绩效考核制度，让政府部门依据地区规划办事，明确目标，积极开展工作，用相应的绿色创新指标评价政府工作成效；最后，要健全我国有关生态环境保护的法律制度，形成专门针对环境保护和绿色创新的法律体系。

四是加快绿色科技创新。首先，要树立绿色科技创新理念，让绿色科技创新理念指导我国的绿色创新；其次，要明确绿色科技创新的目标，要实现经济的可持续发展、社会的可持续发展和生态的可持续发展；再次，要加大绿色科技创新投资力度，通过绿色财政拨款、绿色金融投资、绿色税收减免等方式筹集绿色科技创新资金，满足绿色科技创新的资金需求；最后，要建立绿色科技创新人才队伍，建立健全绿色科技创新的人才培养机制。

第十一章　人力资源与人力资源管理

第一节　现代人力资源管理的地位、作用和运作模式

人力资源是很多企业的首要资源，人力资源管理也是企业管理的重要组成部分。针对它们的学习和研究，已经成为许多企业重点关注的对象。下面主要就人力资源与人力资源管理的概念、特点及其作用进行详细阐述。

一、人力资源与人力资源管理

人力资源作为一种无形资产，已经开始成为很多企业竞争力的一个重要来源。此外，作为一种无形资产，人力资源还会对其他无形资产（如企业形象和声誉、研发能力等）产生积极的影响。

（一）人力资源的定义、特性与作用

1.定义

目前，对于人力资源的定义，国内外管理学界说法很多，并无统一的看法。常见的定义有如下几种。

（1）人力资源是存在于人身上的社会财富的创造力（如体力、技能和知识）。

（2）人力资源是指劳动力资源，指一个特定区域内有劳动能力（包括智力劳动和体力劳动）的人口总和。

（3）人力资源是指具有为社会创造物质财富和精神财富、为社会提供劳务和服务的人。

关于人力资源的定义还有很多，限于本书篇幅，此处不再一一列举。通过对

这些观点的对比分析可以发现，这些观点分别从不同维度对人力资源给出了不同的定义，不同的定义都有其不同的侧重点。现代学者普遍认为，对于人力资源的定义，应该表现在宏观和微观两个方面，详述如下。

（1）从宏观角度来看，即从社会系统的角度看，所谓人力资源，主要是指一个特定区域中的人所具有的对价值创造起贡献作用，并且能够被组织利用的体力和脑力劳动的总和。这说明人力资源的宏观定义更适用于人口学、社会学、经济学等。

（2）从微观角度来看，人力资源是蕴含在人身上的、以人为载体的、具有主观能动性的特殊价值创造要素，是在组织的价值创造与实现过程中，能够广泛、深入、持续不断地开发一系列人的内在特征的总和，包括内驱力、品质、体力、经验和技能等。微观定义主要是在社会组织的层面讨论人力资源，强调组织成员的工作技能、工作意愿与价值创造等。

与人力资源相关的概念有很多，其中典型的有人口资源和人才资源等。从整个社会经济发展的宏观角度来看，我国对于人力资源与人口资源、人才资源之间的关系认知较为统一，具体如下。

（1）人口资源。人口资源主要是指一个特定区域内所拥有的人口总量。

（2）人力资源。人力资源主要是指一个特定区域中的人所具有的对价值创造起贡献作用，并且能够被组织利用的体力和脑力劳动的总和。

（3）人才资源。人才资源作为我国经济社会发展的第一资源，具体是指进行创造性劳动并对社会作出贡献的人，是人力资源中能力和素质较高的劳动者，他们往往具有一定的专业知识或专门技能。

一般情况下，人口资源、人力资源和人才资源在数量上依次递减，在概念上是包含关系。

2.特性

与其他资源相比，人力资源属于人类自身特有，具有不可剥夺性，其本质就是人所具有的体力和智力。关于人力资源的所有特性都是基于这一点形成的，其中最为重要的特性包括以下八个方面。

（1）能动性。能动性是指价值创造过程中最主动、最积极活跃的因素是人，人在价值创造过程中，总是处于主动地位。人对自己的价值创造过程具有可控性，人的工作动机会直接影响到工作的结果及实现的价值。人力资源的开发与利用，主要是通过拥有者自身的活动来完成的（具有能动性）。这种能动性主要表现在以下三个方面。①人的自我强化。即人通过合理的行为（如学习），得到补偿和发展，从而能够提高自身的素质和能力。②选择职业。选择职业是人力资源主动与其他资源结合的过程。③积极劳动。人具有意识，具有主观能动性，能够有目的、有意识地认识和改造客观世界。

（2）增值性。人力资源是人所具有的智力和体力，与自然资源相比，个人的体力在使用过程中会得到一定程度的加强；知识、经验和技能同样会有一定程度的提高。

（3）社会性。社会性是指人力资源受社会因素的影响，从而具有人性的一面和社会、道德的一面。人力资源的载体说到底是人，必须从人性的角度加深对人的理解，只有这样才能把握人的价值创造过程，妥善使用和开发人力资源，在满足人的经济需求的同时，满足人的各种社会需要。

（4）开发性。人力资源虽然与自然资源一样具有开发性，但区别在于，人力资源的开发性是指人力资源不是一种既有的存量，而是可以被开发的，即知识、技能、能力和经验等人力资源的核心要素是可以不断积累和更新的。所以，在现代人力资源管理中，培训和开发成为一个越来越重要的模块。

（5）可变性。所谓可变性，具体是指人力资源在使用过程中发挥作用的程度可能不尽相同，也就是说，在相同的外部条件下人力资源创造的价值大小可能会不同。

（6）时效性。时效性是指人力资源涉及时间的概念，即人力资源必须加以使用才能创造价值，人力资源没有投入生产或价值创造过程的那些时间是无法保存的，也不创造价值，这在一定程度上强调了充分利用人力资源的重要性。唯有有计划与适时地运用人力资源，才能保证人力资源尽可能地参与价值创造过程。

（7）互补性、协同性。人力资源的互补性、协同性主要是指现代企业内部不同岗位或不同职能部门之间的分工合作。人力资源的互补性主要体现在岗位职责互补和能力互补等方面。通过互补、协同产生的合力会形成“1+1>2”效应，产生的效应比单个员工能力简单相加要大很多。

（8）双重性。人力资源的双重性包括以下两个方面。①生产性。所谓人力资源的生产性，具体是指人力资源是物质财富的创造者。其生产性能够创造物质财富。②消费性。所谓人力资源的消费性，具体是指人力资源的保持与维持需要消耗一定的物质财富。其消费性能够保障人力资源的维持和发展。人力资源的生产性与消费性相辅相成、缺一不可。需要注意的是，生产性与消费性相比，生产性必须大于消费性，这样组织和社会才能得到发展。

3.作用

人力资源是劳动力资源。在现实经济活动中，无论是对社会还是对企业而言，人力资源作为主体都发挥着极其重要的作用。经过大量的研究总结发现，人力资源的作用，大致表现在以下三个方面。

（1）财富形成的关键要素。在社会经济运动中，人力资源作为最重要的资源，能够有效促进各种资源的转变与配置。一般情况下，人们主要是通过各种方式或方法来改变自然资源的状态，使之转变为各种形式的社会财富。

（2）经济发展的主要力量。人力资源能在一定程度上推动经济的发展。随着知识技能的不断提高，人力资源创造的价值越来越大，对社会经济发展的贡献也越来越高。

（3）企业的首要资源。在现代社会中，企业作为价值创造最主要的组织形式，是社会经济活动中最基本的经济单位之一。企业的正常运转主要依靠人力资源的投入，人力资源的存在和有效利用能够充分地激活其他物化资源，从而实现企业的目标。

通过以上分析可以得知，人力资源在现实生活各个方面都发挥着极其重要的作用，因此，只有创造各种有利的条件，才能充分发挥人力资源的作用。

（二）人力资源管理的定义、特点、功能与作用

人力资源管理其实是对人事管理的继承和发展。它首先是从人事管理演变过来的，对于人事管理的很多职能，人力资源管理依然要履行；其次，人力资源管理又是一种全新视角下的人事管理，是由人事管理发展到一定程度后形成的。对于人力资源管理与人事管理之间的区别，详述如下。

（1）管理视角。在人事管理中，通常将员工视为负担和成本；而在人力资源管理中，通常将员工视为第一资源。

（2）管理目的。在人事管理中，管理目的通常是组织短期目标的实现；而在人力资源管理中，管理目的通常是组织利益和员工利益的共同实现。

（3）管理内容。在人事管理中，管理的内容通常是简单的事务管理；而在人力资源管理中，事务管理通常非常丰富。

（4）管理活动。在人事管理中，对员工而言，通常是重使用、轻开发；而在人力资源管理中，则比较重视员工的培训与开发。

（5）管理地位。在人事管理中，通常将员工视为执行层；而在人力资源管理中，则视员工为战略层。

（6）管理模式。人事管理的管理模式通常只是单纯的成本中心；而在人力资源管理中，其管理模式是以人为中心。

（7）管理方式。在人事管理中，对员工的管理方式通常为命令式、控制式：而在人力资源管理中，则强调民主参与。

（8）管理性质。在人事管理中，对员工的管理性质通常为战术性、分散性；而在人力资源管理中，其管理性质则表现为战略性、整体性。

1.定义及特点

人力资源管理的概念有很多种，主要是因为其强调的侧重点不同，但总体来看，主要的侧重点表现在以下两个方面。

（1）强调人力资源管理的主要内容或过程。主要包括人力资源规划、招募甄选、绩效管理、薪酬管理等职能性活动。

（2）强调人力资源管理的目的、作用及其影响。主要是指人力资源管理的目的是实现组织战略，提升组织绩效，吸引、激励、留住和开发员工，提高员工满意度和组织承诺度等。

以上两种侧重点都存在着一定的片面性，通过对有关定义的大量研究总结，我们认为，人力资源管理是指在人力资源战略的指导下，以人力资源规划和工作分析为基础，应用现代管理理论与技术进行管理，实现人力资源的合理配置，使人力资源不断创造价值，最终实现组织目标和员工价值的管理过程。人力资源管理会对员工个人及其团队的行为、态度和绩效产生直接的影响。

经过系统的研究总结发现，人力资源管理的特点主要表现在以下几个方面。

（1）人力资源管理是实现组织目标、促进组织成员（员工）创造价值的一种手段。

（2）人力资源管理强调以人为中心，是一种通过科学合理的方法，对人力资源进行动态开发和调节的过程。

（3）人力资源管理通过对企业内部的人力资源进行系统的规划，以科学合理的价值分配和激励政策来激发员工，强调组织和员工之间的“共同利益”。

（4）现代人力资源管理的理论基础涉及管理学、经济学、社会学等多个学科。

（5）人力资源管理部门具有决策的职能，是具有战略性的决策部门。

（6）现代人力资源管理重视人与事、人与环境的协调。人力资源管理的各项运作依赖于整个组织的支持和配合，而且人力资源管理各项职能之间应当具有一致性。

实现人力资源的合理配置是人力资源管理的首要目标。经过大量的管理实践表明，人力资源管理涉及以下几个方面的范畴。

（1）人与事的匹配。即职位与人的素质要求相匹配，这在一定程度上有效地保证了组织中事得其才、人尽其用。

（2）人与物的匹配。即工作报酬能满足人的需求，人的能力与劳动工具和物质条件相匹配，这样才能保证人尽其力、物尽其用。

（3）人与人的协调合作。主要是要求人与人之间的合理搭配、协调合作，使组织成员互补协调。

（4）工作与工作的协调。主要是根据组织目标和企业员工素质等具体情况，合理地进行组织结构的调整，优化工作流程，并通过多种形式不断提高员工的工作参与感和工作满意度。这将对组织流程的顺畅运转和组织内的权责分明起到一定程度的促进作用，确保整体灵活高效并具备优势。

（5）人与组织的协调。即组织成员的价值观与组织的价值观相匹配，组织成员的期望与组织的期望相匹配，组织成员的行为与组织的要求相匹配。这将使组织与组织成员的目标相同、观念一致、行为统一，以保证两者能够共同发展。

（6）工作与组织的协调。主要是指组织中各项工作均必须以确保组织目标的实现而展开，首先将组织目标分解到各项工作中，然后通过各项工作绩效目标的实现而实现组织目标，使组织目标上下连贯，得以实现。

2.功能与作用

人力资源管理的基本功能主要包括以下几个方面。

（1）组织文化建设、组织发展。在我国人力资源管理职能中，组织文化建设、组织发展这两个职能确定了人力资源管理的方向，是人力资源管理的顶层设计。人力资源规划职能属于策略制定；职位管理、员工招聘等职能是人力资源管理的基本职能。通过组织的招募和甄选工作，在薪酬、培训开发、管理风格、组织文化等多个方面对求职者产生吸引力，进而吸收优秀的人才加入本组织。在人力资源管理中，吸纳功能是基础，它为其他功能的实现提供了条件。

（2）人力资源的维持。主要是指通过各种人力资源管理手段来提高员工的工作满意度、组织承诺度，使已经加入组织的优秀人才愿意继续留在本企业。在人力资源管理中，维持功能是开发和激励功能的重要保障，主要是为它们提供稳定的对象。

（3）人力资源的激励。对于人力资源的激励，通常是通过薪酬激励（或上级对员工绩效的赞赏和认可等其他方式），激发员工的工作积极性和创造性，以促使他们达成优良的工作绩效，从而为组织的战略达成及目标实现真正作出贡献。在人力资源管理中，激励功能是核心，它是其他功能发挥作用的最终目的。

（4）人力资源的开发。人力资源的开发是指组织需要完善自己的晋升体系、培训体系，为员工提供不断学习和进步的机会。在这方面，组织需要重视员工的职业生涯规划等工作。在人力资源管理中，开发功能是手段，只有让员工掌握了相应的工作技能，激励功能的实现才会具备客观条件。

企业的根本目的是创造价值，大量实践研究表明，创造价值的活动可分为主要价值创造活动和支持性活动两种。人力资源管理的主要作用在于为企业的核心价值创造流程提供支持，为主要价值创造活动的顺利完成提供保障，属于一种支持性活动。

人力资源管理对于一个组织的作用主要表现在以下几个方面。

（1）人力资源管理职能的正常发挥，人力资源管理的有效进行，将有助于企业战略的实现，帮助企业达成战略目标或经营要求。

（2）科学的人力资源管理能有效利用组织中全体员工的技能和能力，为企业战略的实现奠定坚实的人才基础。

（3）人力资源管理的有效实施，有助于提升企业的绩效。

（4）科学的人力资源管理能使员工的工作满意度和自我实现感得到最大限度的提高，工作、生活质量不断改善。

（5）科学的人力资源管理能就人力资源管理政策与员工和其他利益相关者进行沟通。

（6）科学的人力资源管理能帮助企业维护伦理道德政策及履行社会责任等。

重视和加强企业人力资源管理，对于企业获得最大的经济效益有着重要的意义。首先，人力资源管理有助于组织管理目标的实现，能够提高员工的工作绩效，有利于调动企业员工的积极性。企业人力资源管理需要为劳动者创造一个符合他们需要的劳动环境，善于处理物质奖励、行为激励以及思想教育工作三个方面之间的关系，以保证员工旺盛的工作热情，促使其学习技术和钻研业务，充分发挥自己的专长，不断改进工作，从而达到提高劳动生产率的目的。其次，人力资源管理是提高企业经济效益的重要保证。企业发展的目标就是要提高自身的经济效益，争取发挥每种资源的最大作用。尤其是在资本、技术和物资等各种资源的配置中，只有合理配置企业人力资源，协调好各种资源之间的关系，才能减少劳动消耗，提高企业经济效益，增强企业的竞争力。最后，人力资源管理也是现代社会经济发展的需要。随着社会经济的发展，工作质量和生活质量的进一步结合日益成为组织员工的迫切需要，而如何借助人力资源管理寻找新的激励途径，是当前社会对组织谋求发展提出的新的要求。

二、现代人力资源管理的运作模式

随着新时代技术的不断发展，人力资源部门的构成和工作流程也有了不同程度的改变。尽管不同规模组织的人力资源运作流程有所不同，但究其根本，人力资源管理还是有其特有的运作模式存在，下文主要就现代人力资源管理的运作模式中的责任主体、四大支柱、部门承担的活动和四大机制进行深入的研究和讨论。

（一）人力资源管理的责任主体

企业所有的管理者都是人力资源管理的责任主体，具体包括如下。

（1）公司的高层管理者。高层管理者主要担负制定人力资源管理政策、建设和领导团队等重大人力资源管理职责。

（2）人力资源管理部门。人力资源管理部门主要承担人力资源管理的职责，负责制定企业中的各种人力资源管理制度和政策，对其他部门执行人力资源管理制度和政策的情况进行指导监督，同时还要对其他部门申报的有关信息进行审核，及时对管理人员的需求提供相应的服务等，从企业整体出发进行平衡。

（3）非人力资源管理部门的管理人员。这部分人员主要是负责参与人力资源管理理念与政策的确定，配合企业中的各种人力资源管理制度和政策的贯彻执行，根据自己的情况提供有关的需求等。

（4）企业的每一位员工。员工的主要责任是对自我的开发与管理。

（二）人力资源管理的四大支柱

人力资源管理系统运行模式中有四大支柱，四者相互联系、共同作用。

（1）机制。人力资源管理机制的作用在于从本质上揭示人力资源管理系统的各要素通过什么样的机理来整合企业的人力资源，以及整合人力资源之后所达到的状态和效果。

（2）制度。人力资源管理的制度主要是指组织成员共同遵守的办事规程或行动准则。其作用在于通过科学化、系统化的人力资源管理制度设计，建立包括责任、权力、利益、能力运行规则在内的理性权威。

（3）流程。流程通常是指多个人员、多个活动有序的组合，这些活动一定是以创造价值为导向的。人力资源管理流程的作用在于建立以客户价值为导向的人力资源业务流程体系，打通人力资源业务流程与企业其他核心流程之间的关系。

（4）技术。人力资源管理技术的作用在于通过研究、引进、创新人力资源的管理技术，提高人力资源开发与管理的有效性和科学性。

（三）人力资源管理部门承担的活动

人力资源管理部门承担的活动主要可以划分为以下三类。

（1）战略性和变革性的活动。这类活动主要包括战略制定和调整以及企业变革的推动等内容。这些活动都需要人力资源管理部门参与进来，要从人力资源管理的角度为这些活动的实施提供有力的支持。

（2）业务性的职能活动。业务性的职能活动主要包括人力资源招聘、职位分析、培训开发、薪酬管理等。

（3）行政性的事务活动。行政性的事务活动主要包括员工档案的管理、人力资源信息的保存等。

人力资源管理部门应充分利用网络技术和专业的软件或将部分职能外包，将烦琐费时的行政性事务和部分业务性活动从人力资源管理工作中剥离出去，从而使自己的人力资源管理活动发生根本性的变化。这样才能将节省出来的时间和成本投入战略性和变革性活动中，为企业创造更大的价值，成为业务部门的战略伙伴。

（四）人力资源管理的四大机制

在信息技术高速发展的今天，由于信息的不对称、组织变革的加速、管理对象的复杂性与需求的多样性日益加剧，使组织与人的矛盾比以往任何时候都激烈。协调人与组织的矛盾，使员工与企业共同成长和发展，就需要通过内在的机制来解决。这里我们对人力资源管理的四大机制模型进行探讨，具体如下。

（1）牵引机制。牵引机制的关键在于向员工清晰地表达组织的愿景、目标以及组织对员工的期望和要求、工作对员工的行为和绩效基准要求等。其作用是通过组织的企业愿景与目标的牵引将员工的努力和贡献纳入帮助企业完成其目标、提升其核心能力的轨道上来。

（2）激励机制。激励的本质是员工去做某件事的意愿，这种意愿是以满足员工的个人需要为条件的，要驱动员工朝着组织所期望的目标努力，必须通过建立有效的激励机制来实现。因此，激励的核心在于对员工的内在需求的准确把握与满足，并依此提供差异化的人力资源产品与服务。

（3）评价约束机制。评价约束机制的本质是对员工的能力与绩效进行有效的客观评价，同时对员工不符合组织要求的行为进行修正，使其行为始终在预定的轨道上运行。约束机制的核心内容包括人才评价标准、规则约束（合同与制度、法律）、信用道德管理（人才信用系统）和文化道德约束（文化认同与道德底线）四个方面。此外，还包括信息反馈与监控，行为的标准化、职业化，岗位、能力、绩效、态度评价，经营计划与预算和基本行为规范等。

（4）竞争淘汰机制。企业必须有反向的竞争淘汰机制，将不适合组织成长和发展需要的员工释放于组织之外，防止人力资本的沉淀或者缩水，主要包括竞聘上岗制度与末位淘汰制度以及相配套的人才退出制度。

这四大机制相互协同，能从不同的角度来整合和激活组织的人力资源，有效驱动企业人力资源各系统要素的衔接与整体运行，这在一定程度上使人力资源管理的有效性得到了提升。

三、人力资源管理在企业管理发展中的地位

（一）核心地位

人力资源管理是必不可少的媒介，它能够密切联系企业与员工。员工是企业发展的主体，也是一种宝贵的无形资产。人力资源管理需要对这一资产进行科学

管理，最大限度提升员工创造的价值和效益。企业人力资源管理的最终目的是培养与企业发展保持一致的精英型人才，实现最优的人员配置，加快企业健康发展步伐。在企业的具体经营管理中，经济效益的高低直接受职工创造的生产成果影响，最大限度地优化员工创造的成果，才能提高企业经济收益。企业的发展水平与员工创造的成果密切相关，人力资源管理和企业管理相互影响。由于员工创造的生产成果与企业的经济效益成正比，因此人力资源管理水平与企业经济效益成正比。为引导员工创造更多成果，管理者应为员工营造和谐、积极、向上的工作环境，增强员工对企业的归属感，从整体上提高员工工作质量。要想实现这一目标，企业必须做好人力资源管理工作，并制定具有激励性的政策，在留住人才的同时，招聘更多全新的专业化人才，增强企业内部核心竞争力。

（二）战略地位

现阶段，企业内部人力资源管理工作已经不是单纯的服务性工作，而是在企业管理中处于全新的战略地位。人力资源管理工作由以往的招聘人员、管理企业内部诸多琐事，转变为企业经营发展战略。人力资源管理部门成为企业经营管理必不可少的协调部门，是企业重要的合作伙伴，与企业共同发展，是推动企业经济效益提升的重要力量。

四、人力资源管理在企业管理发展中的作用

现今，人力资源管理在企业管理和发展中发挥着重要作用。企业必须注重培养人才和招聘人才，只有这样，才能注入新鲜血液，增强核心竞争力，促进企业稳定发展。

（一）有利于顺利实现企业经营战略

在生产力中，人是一个特殊的元素，它不仅具有很强的主观能动性，而且是一种持续的资本资源。人才是企业的资本，也是给企业带来源源不断效益的重要力量。人力资源的管理和开发情况决定着企业的生存发展情况，在企业发展战略中，要制订有针对性的人力资源管理规划，将人才作为重要资源进行开发。只有高度重视人才的开发，并加大人力资源投入力度，才能提升人力资源管理质量，促进企业稳定、可持续发展。

（二）有利于整合与配置人力资源

人力资源管理通过制定科学化的制度，使用绩效考核、招聘、选拔等手段，

提高企业人力资源配置的合理性，增强人力资源开发的有效性。同时，人力资源管理根据发展战略，仔细分析企业当前人力资源实际情况，适当调整和优化人力资源发展计划，整合培训员工，保证企业在发展中有完善人力资源体系的支撑，更好地适应市场环境变化。通过实施有效的人力资源管理措施，更好地整合人力资源，大大提高员工的综合素质，最大限度地发挥人力资源创造的效益，为企业人才知识和技能的培养创造良好的条件，助力企业更好地发展。除此之外，在提高员工专业素质的基础上，可以增强他们的责任感，使员工之间形成良好的竞争，培养员工良好的团队合作能力。员工工作绩效是影响企业经济效益的重要因素，从中可以充分展示出人力资源管理的重要作用。

（三）有利于发挥员工个人价值和企业价值

支持和认可企业文化是企业员工工作的重要动力，企业必须给予员工一定的物质和精神奖励，密切关注员工的日常生活，慰藉员工的心灵和思想，而这些都属于人力资源管理工作范畴。人力资源管理部门要结合企业实际发展情况和基本特征制定趋于完善的奖惩制度。物质奖励和精神奖励都可以增强员工的积极性，促进员工为企业创造更高的价值，同时实现自我发展，增加个人价值。

（四）为员工制订培训计划

为企业招到合适的人才后，人力资源管理部门要针对招聘进来的员工制订有针对性的培训计划，帮助新员工在最短的时间内掌握岗位操作技能，接受和学习企业精神文化，加快新员工融入企业集体生活的速度。除此之外，随着市场经济发展水平的提升，企业对员工职业技能的需求在不断变化。在这种情况下，人力资源管理部门不仅要强化对新员工的培训，还要根据企业发展需求为老员工制订相应的培训计划，保障员工与企业共同进步。只有这样，企业才能真正留住人才，核心竞争力才会显著提升。

第二节　数字经济时代人力资源管理概述与优化策略

一、数字经济时代人力资源管理概述

（一）人力资源管理数字化

人力资源管理数字化是指利用信息技术和数字化手段对人力资源管理进行优

化、升级和创新的管理模式。这种管理模式以数字化、自动化和智能化的手段，为企业提供更高效、更精细、更个性化、更智能化的人力资源管理服务，从而帮助企业更好地应对市场变化和发展需求。

人力资源管理数字化的发展可以追溯到20世纪70年代，当时开始出现计算机化的人力资源管理系统。但直到21世纪初，随着互联网技术和信息技术的快速发展，人力资源数字化管理才开始得到更广泛的应用和研究。近年来，随着人工智能、大数据、云计算等技术的不断发展，人力资源数字化管理呈现出以下几个发展趋势。

（1）数据驱动的管理：人力资源管理数字化的一个重要特点是数据化管理，通过收集和分析数据，实现人力资源管理的个性化、精细化和智能化。数据化管理为企业提供了更准确、更全面的管理决策基础，帮助企业更好地应对市场变化。

（2）个性化管理：通过人工智能技术的应用，可以实现人力资源管理的个性化和智能化。例如，利用人工智能算法对员工进行绩效评估，不仅能提高评估的准确性，还能根据员工的特点进行个性化的评估，从而更好地激励员工。

（3）自适应管理：人力资源管理数字化可以根据企业的变化进行自适应调整。例如，当企业业务规模扩大时，可以通过数字化管理平台快速进行招聘、培训和薪酬管理，实现快速扩张。

（4）优化管理流程：数字化管理平台可以实现人力资源管理流程的自动化，从而提高管理效率。例如，利用自然语言处理技术实现自动筛选简历、自动安排面试等功能，可以减轻人力资源管理人员的工作负担。

总之，数字化的人力资源管理是一种以信息技术为支撑的全新管理模式，通过数字化、自动化和智能化的手段，提高了人力资源管理的效率、精度和透明度，具有广泛的应用前景和研究价值。

（二）技术进步推动数字化

1.先进技术在人力资源管理中的应用与影响

（1）大数据在人力资源管理中的应用与影响 。近年来，大数据已成为企业管理的重要手段，它不仅能够帮助企业提升业务管理水平，而且对企业的人力资源管理工作起着重要的作用，人力资源管理工作不再浮于表面而是要进入深层次的业务当中。借鉴大数据的理念，人力资源管理系统可以有效挖掘和利用信息资源，提高管理工作的准确性和客观性。通过挖掘员工基本信息、工资记录、变动信息、培训经历、销售数据和生产数据等，可以获得人力资本生产率指标，如人均销售额、关键员工效率比例、关键员工流失率等，通过对这些数据信息的科学分析，实现人力资源管理的科学决策。基于人才数据库的招聘工作将在招聘信息发布、简历筛选、人才测评等方面大大提高工作效率和效果。相较于传统的人工筛选简历，采用人工智能的方式开展大数据分析，能够帮助企业管理者科学地找到合适的人才，计算机应用也可以帮助企业建立模型，帮助企业选择人才。大数据能够很好地帮助企业实现人才与岗位的有效匹配，真正实现“为岗择人”和“为人择岗”。人才安置是企业发展的关键，不同的人才适合不同的岗位，每个人都有各自擅长的方面。人才安置不能只是从学历、专业进行匹配，还要从兴趣、爱好、性格等多维度对人才进行全方位测评。利用大数据技术，将数据分析和人才测评有机结合在一起，才能够对人才进行全方位测评，最终实现人力资源优化配置。

（2）云计算技术在人力资源管理中的应用与影响。云计算技术作为新一代的资源共享利用模式，在人力资源管理中具有重要的作用。引入云计算技术可以帮助企业实现人力资源管理的数字化、智能化和可视化，提高管理效率和精度，降低管理成本和风险。首先，云计算技术可以为人力资源管理提供强大的计算和存储能力，从而支持大数据分析、人工智能等技术的应用，更好地实现人才招聘、培训和绩效管理等方面的优化和精细化。其次，云计算技术可以实现资源共享和协同工作，促进不同部门之间的信息流通和沟通，提高工作效率和协作能力。同时，云计算技术还可以提供在线考试、在线培训等功能，方便员工进行学习和自我提升。最后，云计算技术可以提供强大的安全保障和数据备份机制，保护企业的核心数据和知识产权，避免数据丢失和泄露的风险。总之，云计算技术在人力资源管理中的应用，可以帮助企业实现数字化转型，提升管理水平和效率，为企业的可持续发展提供有力支持。

（3）人工智能在人力资源管理中的应用与影响。随着企业规模的扩大和企业经营时间的累积，信息处理的数量及难度呈指数级增长，人力资源管理面临的挑战也随之增加，因此管理者对人工智能的需求也日益迫切。人工智能可以通过构建情境模拟的方式协助处理复杂问题，从而为人力资源管理提供更切实可行的决策依据。在培训方面，管理者可以利用人工智能分析员工的不足和优势，提升培训的效果。在绩效考评方面，人工智能可以减少人力投入，使考评更加精准。在招聘方面，人工智能可以通过分析应聘者的过往数据和行为表现，更加全面地评估应聘者的内在素质和匹配程度，从而提高招聘成功率。

2.人力资源管理的数字化进程

（1）构建人力资源管理平台。人力资源管理实现数字化的第一步就是建立企业内部人力资源管理系统。然后按照云计算基础设施即服务（IaaS）、平台即服务（PaaS）、软件即服务（SaaS）三层逻辑，重新改造人力资源信息系统，或购买云计算服务商的云服务。如今，许多云计算服务商已然可以提供PaaS服务，其目的是为企业人力资源管理提供一种能适应各种不同应用的平台。通过这一途径，企业的人力资源管理便能够建立起合作伙伴生态系统，利用上述平台打造全新的人力资源解决方案。例如，Success Factors可以在SAP云平台上为企业提供一体化人力资源解决方案。相对于传统的办公自动化和人力资源管理工具，借助PaaS服务的支持，运用互联网思维，结合云端和移动端的技术发展，可以提供更加智能、更加方便和快捷的管理工具，能够实现人力资源管理内部工作流程的互联与流转，同时能够把员工与员工、企业与员工、员工和客户连在一起，让人力资源管理人员从繁杂的重复性劳动中解放出来，全身心地投入为员工服务上，扮演好组织变革和战略伙伴的角色。

（2）人力资源服务移动化。随着弹性工作和居家办公的日益普及，移动技术对公司与员工之间保持密切沟通和联系具有重要意义。移动技术真正实现了企业与员工之间“随时随地”的信息沟通与分享。随着移动技术的不断普及，移动技术已经不再局限于企业与员工之间简单“保持联系”，它还可以广泛应用于人力资源管理的各个方面。在员工学习与发展领域，移动技术可以有效地支持员工学习，让员工与专家进行有效互动，从而促进员工顺利完成培训课程；在绩效管理方面，移动技术有利于简化绩效信息的收集工作，从而可以更方便和更频繁地向员工提供绩效反馈信息。此外，利用移动技术还可以向员工推送与人力资源相关的、涉及个人发展机遇和目标进展情况的个性化信息。

（3）从“线下”到“线上”的工作模式变化。员工的工作方式是否合理，直接关系到企业的运营速度和效率。因此，在数字化变革的过程中，采用大数据技术来梳理、优化和规范员工的工作流程，以改变传统的工作方式变得尤为必要。为了提高企业的运营效率，除了利用人力资源管理来提高工作效率之外，还需要将互联网技术融入功能体系中。基于云平台的人力资源管理系统，可以综合考虑大量人力资源管理业务场景，以“一站式”解决人力资源管理的所有问题。在SaaS平台上，每位员工都有对应的组织架构和职位概述，他们可以通过人力资源管理系统将职务、人员和任务对应起来，这种方法更加专业化，效率更高，同时可以使企业管理更加规范。由于技术的融入，员工可以通过手机自助完成考勤、申请休假等工作，而不必像过去那样需要人力资源服务人员的互动。这样自下而上的管理方式一方面增强了员工的主动性，另一方面还可以减少人力资源部门的工作量。

（4）利用社交媒体拉近与员工距离。人力资源部门应该充分利用社交媒体技术加强与员工的沟通和互动，及时把握员工的心理动态，为员工提供更好的人力资源服务。此外，一些人力资源管理系统还可以基于社交媒体的入职培训功能，迅速将新员工与相关员工联系起来，并提供其所需信息。同时，一些系统还能支持协作式绩效管理，促进员工共建、共享绩效目标。因此，社交媒体将大力促进人力资源管理的民主化、透明化和公平化。

（5）利用人工智能获取深入洞察力。基于员工的行为分析，大数据和人工智能可以对员工群体和个体行为作出非主观的科学判断与预测，进而为企业决策和制定相关政策服务。企业可以利用人工智能技术创建相关评估指标，监测人力资源管理工作的效力及其对企业的影响。同时，企业还可以利用分析工具获取相关的洞察力，深化对员工群体及个体能力的了解，确定企业的技能需求和人才所处岗位，甚至预测企业和员工的需求，强化人力资源管理流程。可见，人工智能和分析工具将成为数字化人力资源的关键要素，促进营销式人力资源模式的形成，不仅能够使人力资源团队了解企业发展的趋势，而且能够通过更具前瞻性的方法将对企业的人才战略与业务科学地匹配起来。

二、数字经济时代人力资源管理优化策略

飞速发展的互联网、大数据、人工智能、物联网等现代信息技术为各行业带来了全方位、立体化的变革，也为企业经营管理模式的转型发展提供了技术支撑。《中华人民共和国国民经济和社会发展第十四个五年规划和2035年远景目标纲要》要求整合优化科技资源配置，提升企业技术创新能力，激发人才创新活力。人力资源管理是企业管理的核心要素和重点内容，企业若想获得长远持久的发展，就必须与数字技术深度融合，充分发挥海量数据和丰富应用场景优势，赋能传统人力资源管理迭代升级，实现向数字化人力资源管理体系的战略转型，全

面提升企业的核心竞争力。具体而言，企业要借用算法的精准匹配，利用大数据赋能破局，打通企业的人才管理渠道和信息壁垒，激活企业数字化人才体系，优化创新业务流程，创造价值增值和提升整体效能，为企业的持续发展提供关键的人力保障与智力支持。

（一）数字经济时代企业人力资源管理的优势

1.提高人力资源管理工作的效率

数字经济时代带来了前所未有的发展机遇，信息化、智能化、数字化已经成为行业企业发展的主要方向。数字化技术能够显著提升企业的经营管理水平，也更容易成为企业提升竞争力的优先选择。成功企业的发展经验表明：只有积极吸纳前沿管理理论与高新技术，实现人力资源管理的智能化、数字化转变，才能把握数字经济时代的战略资源——人才资源，为企业带来源源不断的发展动力。总体来看，企业只有在内部搭建了成熟的人力资源数字化管理体系，对每一位员工进行数字化“建档”管理，才能对企业发展提供及时、有效的信息支持，促进人力资源管理质量与效率的提升。

2.促进企业员工个人能力的发展

在数字技术的帮助下，人力资源管理原本重复性强、冗余多、程序繁杂的管理实务不再需要庞大的员工“劳动力”，企业将这部分工作交由数字化平台处理，能够降低成本，降低人为操作带来的潜在风险的发生概率，支持人力资源管理工作向全面化、精确化发展。而解放出来的“劳动力”，也能够深耕于数字技术，成为企业下一阶段转型与创新的技术型人才。在数字经济时代，互联网、人才两个锚点的新技术、新观念、新模式层出不穷，不但能够加深企业对数字经济本身的认识，还能够使其将信息素养、数字技术的应用能力作为培养人才的关键目标。通过企业数字化培训，员工自身的业务能力、职业视野也能够得到极大的提升与扩展，发展潜力也将得到充分释放。

3.保障人力资源管理工作的全面性

在数字经济的视角下，企业人力资源管理的覆盖面被进一步扩大，在包含了招聘、培训、管理等一系列传统工作内容的同时，还需要应对员工体验、柔性组织、灵活用工、全面激励、激活人才等全新的场景，促使人力资源管理工作全面化发展，以满足企业对人力资源管理创新性、综合性的实际需求，最终为企业的发展提供关键动力。具体而言，这种全面性的需求主要体现在两个方面：一方面，企业需要借用数字技术精确分析员工个人成长的实际需求，并将其标签化处理、归类，实现对员工需求的准确评估，再以科学的方式制订培养计划，最终精确地作用于每一位员工；另一方面，数字技术的出现也启发了企业对人才遴选指标与培训流程进行优化，实现精细化的人才管理工作，立足于每一位人才的个性与能力，人尽其才，为人才的成长及发展带来保障。

（二）数字经济时代企业人力资源管理转型发展的路径

随着人力资源数字化迭代进化的进程加快，现代企业充分利用数字人才培养、数字平台建设、数字管理优化和数字场景打造对人力资源管理进行全方位升级。

1.加强人力资源管理数字化转型的顶层设计

传统的企业管理以一套强制性的标准作为工作依据，固然能够推动管理工作的标准化与规范化，但缺乏灵活性，不能较好地激发员工的积极性和创造力，也不利于形成和谐的企业文化氛围。因而，数字经济时代企业人力资源管理应当向数字化发展，逐步确立数字化转型的目标与流程。

第一，确立人力资源管理数字化转型的目标。目标是数字化转型工作的起点，企业需要明确数字化变革的目标，譬如提高招聘流程的效率至多少、员工绩效评估的具体指标如何制定、怎样培训员工能力和提升员工的发展空间，以及实施行动计划和时间进程等。只有确定了最基础的实施目标，才有可能通过可衡量的指标来评估转型的具体成效。

第二，对现有工作流程与技术应用效果进行评估。在数字化转型的伊始，对现有的人力资源管理流程进行全面评估非常重要，评估主要涵盖了招聘、员工绩效管理、培训和发展、员工福利管理等工作效能评价，旨在通过深入了解每个流程的细节，发现现有工作中存在的问题、瓶颈和改进的机会。

第三，制定数字化转型的具体策略。在确定了转型的具体目标，评估了当前工作流程的效能之后，企业就可以制定更加详尽具体的数字化转型策略。具体而言，一套完整的转型策略应当包含数字化转型的优先级以及阶段性的完成目标，还要对必要的技术工具及人、财、物的投入进行预算，并基于此选择符合本企业特征的转型方法。需要注意的是，这套“自上而下”的执行策略要体现出人力资源管理从“管人”到“以人为本”的新理念，要让员工与企业双向吸引、双向信任。只有员工获得认同感、归属感和幸福感，才能得到员工的拥护和支持，从而自觉参与，降低数字化转型的阻力。

2.夯实人力资源管理数字化转型的基础工作

打造具备技术配置全面、数据管理安全及自动化工作流程的人力资源管理系统，从业务数据融合、组织重塑和数据共享建设方面科技赋能，实现人力资源管理的流程化、自动化和智能化，将更多员工配置到能充分发挥其能动性与创造力的岗位，最大限度释放人工潜力，帮助企业人力资源管理工作提升实际效果。

在系统配置方面，选择人力资源管理系统，企业需要明晰该系统是否具备员工信息管理、招聘流程、绩效管理、培训发展等必备功能。在此基础上，还应当对系统的可扩展性和适应性进行评估，系统框架应该有较大的盈余，以便在未来企业能够根据实际需要增设新的功能。除此之外，人力资源管理系统还应当具备较为友好的界面设计，能够方便员工操作，并与企业现阶段所拥有的信息技术设备和其他系统进行连通，保证数据的一致性和工作流程的无缝衔接。

在数据管理方面，系统应该能够存储和管理员工的个人信息、薪酬数据、绩效评估结果、培训记录等关键数据，方便企业管理者能够随时调用，避免烦琐的手动记录和数据输入；同时还应当具备完善的隐私保护机制和基于权限划分的方位“闸门”，确保敏感数据不被泄露。

在自动化流程方面，数字化的人力资源管理系统应当能够提高操作效率，减少人为操作产生的错误，并能自动实现合同生成、薪资设定、电子文件签署等一系列工作。此外，更加智能的系统还应当具备自动化调岗、晋升流程管理、培训课程安排等一系列对员工工作生活带来实际帮助的功能，提高企业员工对系统的接受程度，显著提升人力资源管理工作的公平性、透明性，提升员工对企业的依赖度。

3.建立与数字化人才需求相匹配的人力资源管理机制

在数字经济时代，合作共赢理念已经成为员工与企业之间的共同理念，共赢消除了员工对人力资源管理的隐忧，使企业得以将更多的精力放在满足客户及业务拓展等工作中，为企业的可持续性发展带来关键支撑[①]。与此同时，随着员工个人与企业的双向发展，对人才素质的要求也越来越高，这就对企业人才培养模式提出了更清晰的要求。企业通过有效的培训计划为人才的发展打通渠道，吸引

---

① 邱茜，李姝婷.数字时代公共部门的人力资源管理：机遇、挑战与应对策略[J].中国行政管理，2021（12）：44-51.

人才、留住人才、培育人才，提高员工的工作能力，培养“数字化+业务”并重的复合型人才，使企业能够满足员工的多样化需求。

首先，企业通过分析当前与预期的业务目标、战略规划及市场趋势，确定未来业务发展所需的人才类型和数量，确定企业关键岗位的人才技能、背景要求以及人员流动情况，为人才招聘、人才培养和绩效管理工作提供具有针对性的指导。在此过程中，企业人力资源管理部门要以人为本，采用人性化的方式，多倾听员工的声音，不能粗暴地将企业的意愿强加给个人，应当在企业所能承受的范围内，最大限度地满足员工的个人要求，只有这样才能够提升员工的创造力和对企业的忠诚度。

其次，企业人才招聘要实现数字化转型，利用大数据、人工智能开启流程化、智能化、科学化的人才甄选工作，精准吸引人才。通过对招聘数据进行跟踪、分析与统计，利用人工智能技术进行简历筛选和匹配，对人才精准画像，从大量的应聘者中快速筛选出最适合的候选人，把大数据技术贯穿在员工的“选、用、育、留、考、酬”全过程，形成人力资源管理全景图。

最后，企业要建立数字化、动态化、常态化的反馈机制，方便员工和管理层实时交流并分享意见。相较于传统机制下的“意见反馈箱”等静态手段，动态化的反馈机制能够使反馈彻底摆脱“面子工程”的刻板印象，能够为员工提供更加方便的自助门户或移动应用程序，提高员工对组织和工作环境进行反馈的效率。最终，这些反馈能够帮助企业的上层决策者与中层管理者了解员工的需求和关切，有效推动人力资源管理的良性发展。

企业人力资源管理工作的数字化转型，借用先进的数字技术实现企业员工的合理化配置，促进企业管理质量的提升。总体而言，我国企业的人力资源管理数字化转型尚处于蓄势待发的起步阶段，未来发展空间巨大。且值得注意的是，企业人力资源管理数字化转型是企业实现持续发展的重要举措，蕴藏着巨大的潜力与价值，但数字技术仅能够起到辅助作用，其根本的着力点是树立符合数字经济时代发展的人力资源管理思维，使数字化的管理体系能够真正落到实处。

第十二章　新发展格局与数字经济发展策略

第一节　构建新发展格局

高质量发展是全面建设社会主义现代化国家的首要任务。针对国内国际发展环境的新变化，为应对我国社会经济发展新阶段之后面临的一系列新挑战，把握重要战略期提供的新机遇，我国构建以国内大循环为主体、国内国际双循环相互促进的新发展格局，以此破解新发展阶段的新问题，推动发展方式根本转变，贯彻新发展理念，实现经济高质量发展。

一、新发展格局以畅通国民经济循环为主题

构建新发展格局的本质要求在于推动实现国民经济均衡增长和协调发展，即国民经济生产和再生产的各个方面、各个领域、各个环节之间的畅通，包括总量上的供求关系的均衡，国民经济各类结构性均衡，国内与国际经济之间的均衡，国民经济生产、分配、流通、消费各方面的协调，社会经济发展与安全之间的统一，经济增长与资源环境约束之间的和谐，等等。总之，提高供求之间的市场适配性，以有效需求牵引供给，以高质量供给满足需求并创造需求。经济均衡增长和协调发展状态是资源配置的最佳状态，我国经济发展进入新阶段，对经济均衡协调提出了更高的要求。新发展格局提出向更加均衡更高质量发展的深刻转变，包含发展理念、发展方式等方面的根本转变。

二、新发展格局以新发展理念为战略引领

发展理念具有战略性、纲领性、引领性。发展方式要转变，首先发展理念

必须转变。为适应我国经济进入新常态后发生的系统性变化，我国提出新发展理念，目的就是引领发展方式在实践上的转变，在实现第一个百年奋斗目标基础上开启实现现代化新阶段，以实现第二个百年奋斗目标。这需要更为深入地贯彻新发展理念，以进一步推动发展方式根本转变，使经济增长从主要依靠要素投入量扩张拉动转变为主要依靠要素效率和全要素生产率提高拉动，进而实现经济从高速度增长向高质量发展的根本转变。新发展格局旨在新发展阶段推动这种发展方式的历史转变。

三、新发展格局以加快建设现代化经济体系为战略目标

根本转变发展方式需要以贯彻新发展理念为引领，而新发展理念的贯彻则需要通过相应的机制和途径。现代化经济体系是实践新发展理念的机制和途径，是构建新发展格局的落脚点。因此，构建新发展格局应以加快建设现代化经济体系为战略目标。现代化经济体系包括现代化的产业体系、市场体系、国民收入分配体系、城乡区域布局体系、绿色创新体系、高水平开放体系、经济体制等七大体系。这七大体系的建设体现了新发展阶段改革、发展和开放的新的历史条件下的有机统一。畅通国民经济循环在机制上必须依赖这七大体系的构建，因此发展格局以加快建设现代化经济体系为战略目标。

四、新发展格局以科技创新为战略支撑

新发展格局以新发展理念为战略引领，以建设现代化经济体系为战略目标，创新便成为关键。新发展理念首要的便在于创新，特别是核心技术的创新。经济发展进入新阶段，技术进步再主要依靠模仿式的学习已不可能，核心技术包括前沿突破性技术、受人制约掣肘的技术（短板）等，是买不来、要不来的，只能依靠自主创新。应把科技创新摆在各项任务的首位，强调强化国家战略科技力量，强调抓好人才和机制两个关键点。实现发展方式的根本转变，推动经济从高速增长向高质量发展的转变，关键在于创新带来的效率革命和动能转换。现代经济体系的构建以及竞争力的提升，其根本在于创新的支撑。产业链的断点、堵点和国民经济循环受制于人的短板得以克服，要害在于创新力上能否突破。

五、新发展格局以立足扩大内需为战略基点

构建新发展格局须立足扩大内需，形成强大的国内市场是构建新发展格局的重要支撑，也是大国经济优势所在。一般而言，大国经济追求趋向于均衡目标的

增长和发展，是以“基本内向型”为特征的，即投入和产出两端以立足国内需求为基点。我国经济发展进入新阶段，一方面由于国际国内经济环境的变化，“两头在外、大进大出”的发展增长模式已难以持续。从国内经济发展而言，要素成本低廉的传统竞争优势已经发生了根本性系统性改变，需要重塑新优势；从国际经济环境而言，世界经济深度衰退状态短期内难以缓解，因此依靠从发展中国家进口能源、原材料等初级产品，利用加工和制造的成本优势生产，再向发达国家出口的循环流受阻。作为“世界工厂”，需要重塑竞争优势。另一方面，我国经济也具备以扩大内需为战略基点的可能和基础。我国具有广阔的投资增长空间，作为处于新型工业化、农业现代化、城镇化、信息化加速成长期的国民经济，作为当代最大的发展中国家，无论是基础设施还是固定资产投资，无论是物质资本积累还是人力资本积累，投资需求的规模和增长速度都有巨大的可能。只要在体制机制上特别是在投融资方面深化改革，这种可能便会转换为现实。我国具有14亿人口和广大的中等收入群体，消费需求规模巨大。只要社会经济增长的同时居民收入同步增长，且不断改善国民收入分配状况，扩大中等收入群体，缩小收入分配差距，我国消费需求增长将具有巨大的潜力。

六、新发展格局以深化供给侧结构性改革为战略方向

立足扩大内需，构建现代化经济体系，须以深化供给侧结构性改革为战略方向。供给侧结构性改革的最终目的是满足需求，主攻方向是提高供给质量，根本途径是深化改革。最终目的是满足需求，就是要深入研究市场变化，理解现实需求和潜在需求，在解放和发展社会生产力中更好地满足人民日益增长的物质文化需要。主攻方向是提高供给质量，也就是要减少无效供给、扩大有效供给，着力提升整个供给体系质量，提高供给结构对需求结构的适应性。供给侧与需求侧之重要不同在于，需求侧的改革和政策调整直接影响消费者，进而影响总供给与总需求间的总量关系；供给侧的改革和政策调整直接影响生产者，进而影响国民经济结构，尤其是影响微观上的企业、产业和宏观上的国民经济体系的效率。因而，新阶段构建新发展格局要从供给侧入手，并以深化供给侧结构性改革为主线。

七、新发展格局以高水平开放为战略前提

开放是基本国策，也是我国经济发展的重要动力。改革、发展、开放是有机

整体，构建以国内大循环为主体的新发展格局，绝不是采取封闭式的发展战略，而是以新的高水平开放作为前提条件，形成国内国际双循环相互促进的新发展格局。基本内向型的大国经济绝不是封闭式的自我循环经济。客观上，经过几十年的发展、改革和开放，我国经济规模从改革开放初期占全球1.8%，上升到18%以上，改革开放40多年来我国经济之所以能够保持持续高速增长，与开放的推动有密切关系。统计显示，我国经济增长率超过10%的年份，对应的出口需求增长率往往达到20%以上。经济进入新阶段，尽管净出口增长放缓，贸易顺差占GDP比重显著下降，但越是出现这种变化，越是对开放的要求更加迫切，特别是要求在人类命运共同体理念的推动下，以“一带一路”深入发展为依托，形成内外联动的高水平制度型的开放型经济。没有这种高水平的全面开放型经济，便不可能实现社会主义现代化发展目标，现代化目标及实现进程本质上是开放的。

八、新发展格局以培育新的区域性增长极为战略突破

我国作为世界上最大的发展中国家，城乡之间、区域之间社会经济发展存在差异。这种差异既是作为发展中国家经济发展不均衡的重要体现，同时也是经济大国存在发展时空上的“梯度效应”的重要基础。因而根据区域资源禀赋特征，根据不同地区社会经济发展和改革开放水平的不同，根据对不同区域主题功能区特点的认识，采取不同的发展方式，具有极为重要的意义。在这一过程中，一些率先发展的区域性增长极可以在新发展格局构建中率先突破，形成影响整个国民经济的“极化效应”，在现代化经济体系建设上形成“新高地”，在改革开放上形成新的可复制的经验，带动新发展格局的构建。诸如粤港澳大湾区发展、京津冀协同发展、长三角一体化、长江经济带发展、黄河流域生态保护和健康发展及成都—重庆双城驱动发展，等等，都具有较为鲜明的新型增长极特征。

九、新发展格局以“稳中求进”为战略方针

推进新发展格局构建工作总基调在于坚持“稳中求进”战略方针。就经济发展而言，“稳”首先是指经济增长要稳，防止出现“大起大落”式的严重失衡。“大起”即超越可能强行刺激经济高速增长，不仅会带来严重的通货膨胀等经济过热现象，进而形成经济泡沫，严重降低经济增长的质量；“大落”即经济严重衰退，不仅会形成严重的失业压力，进而会引发一系列社会矛盾；而且“大起大落”本身就会造成严重的损失，就是经济发展质量不高的重要体现。保持经济增长的“稳”需要宏观经济政策上逆周期调节，克服经济严重失衡。推动“进”，

实际上是指社会经济发展和制度创新要不断深入，通过全面制度创新推动经济发展深层次矛盾尤其是长期累积的结构性矛盾能够得到缓解和克服，从而为高质量发展和均衡增长创造制度环境和发展基础。“稳中求进”的工作总基调作为贯彻新理念，构建新格局，实现高质量发展的战略方针，“稳”与“进”之间存在深刻的内在联系，“稳”是“进”的前提，没有“稳”便没有“进”的前提和时间窗口；“进”是“稳”的根本，没有“进”便没有“稳”的基础和制度保障。

第二节　数字经济发展策略

数字经济是推动产业结构转型、建设现代化产业体系的重要引擎。目前，数字经济占我国国内生产总值的比重已超过四成，已经成为我国经济发展的重要增量。加快发展数字经济也是稳中求进工作总基调的应有之义，是加快构建新发展格局的重要抓手。

一、数字经济的概念、特征与发展阶段

（一）数字经济的概念

如今，数字经济几乎无处不在，已经并将继续改变全球经济活动的模式与内容。数字经济是新通用技术变革影响的结果，它的影响远远超越了信息和通信技术部门的范畴，涉及了经济与社会活动的所有部门，如零售、运输、金融服务、制造业、教育、医疗保健、媒体等。它是通过全球化的信息互动和交流而实现的高科技经济。大部分数字经济的定义不仅仅是互联网经济（经济价值来源于互联网），同时还包括经济和社会活动所产生的其他信息和通信技术（ICT）。一般来说，数字经济是经济的一部分，主要是通过数字技术支持在互联网上进行商品和服务贸易。

数字经济是基于支持性基础设施（硬件、软件、电信、网络等）、电子化管理（一个组织通过计算机介入的网络进行流程管理）和电子商务（网上交易）的生产性或贸易性活动。经济合作与发展组织（OECD）认为数字经济是通过电子商务在互联网上进行商品和服务贸易的活动。数字经济由三个主要部分构成：支持基础设施、商务流程电子化（如何进行业务）、电子商务交易（在线销售商品和服务）。实际上数字经济的含义比较广泛，随着综合性信息互联网的形成，

数字经济常被理解为以网络作为载体而产生的经济活动，如远程教育、远程医疗等。消费者不用与供应商面对面地进行货价交易，就能形成便捷、快速的经济活动。

数字经济与信息经济、网络经济、知识经济在概念上有近似之处，但又不尽相同。知识经济是依赖于知识和信息的生产、传播和应用的最为基础的经济形态；数字经济是信息经济和网络经济形成的基础经济，知识经济的发展为信息经济、网络经济的形成提供了条件；网络经济是指基于互联网进行资源的生产、分配、交换和以消费为主的新形式的经济活动；信息经济是以现代信息技术等高科技为物质基础、信息产业起主导作用的，基于信息、知识、智力的一种新型经济。信息经济与网络经济最终反作用知识经济，更有利于知识和信息的生产、传播及应用，三者并不是阶段性或矛盾的出现，而是影响经济发展的关键原因所在，三者的交织和融合逐步实现了向数字经济的过渡。知识的不断积累是当今世界变化的基础，信息产业、网络经济的蓬勃发展是当代社会发生根本变化的催化剂，数字经济是发展的必然结果和表现形式。由此不难看出，这几个概念相辅相成，并构成了最终的数字经济内涵。

综上所述，数字经济是建立在数字技术基础上的生产、消费和交易等经济活动。

（二）数字经济的特征

1.开放

数字经济的开放，首先指人的开放，人与人的关系以及部分行为的互动的开放。传统经济下人的交流以及关系发展形式相对比较单一、枯燥，如通过书信、报纸等手段建立并维护感情，人的关系空间显得异常狭窄甚至封闭，但在数字经济背景下，彻底实现了注册一个信息就能走遍天下并随时随地接收或传递个人情况及信息的梦想。人不再孤独，而隶属于群体，并且不再单单隶属于一个群体，而是隶属于更多的群体，群体的多样性又反过来推动人的开放。与此同时，由于数字经济组织结构趋向扁平化，处于网络端点的生产者与消费者可直接联系，深化了人与人之间部分行为的互动，降低了传统的中间商层次存在的必要性，从而显著降低了交易成本，提高了经济效益。

其次，是技术的开放。技术开放包括创造产业链条、搭建产品平台、打破市场壁垒、加快信息技术开放。信息技术平台在数字经济基础设施中举足轻重，技术的开放让竞争多方都成为赢家。设计良好的平台可以促进应用程序的升级，为用户平台增加功能，因此它可以不断增值。越来越多的数字产品在技术开放的背景下抢占了先机，成为竞争的赢家。比如在移动通信领域，安卓操作系统的开放性选择和苹果系统的半开放性都在很大程度上击垮了技术上少有改变、没有做好应用的配套、没有唤起产业链上的合作伙伴及用户信心的塞班系统。

2.兼容

数字经济促进了产业兼容、技术兼容和发展兼容。

一是产业兼容。知识的生产、传播及应用被信息化和网络化迅速渗透，最终促成了第一、第二、第三产业的相互融合。例如，农业工作变得机械化，对劳动力的需求大幅度减少；工业也是如此，传统工业劳动力需求量出现一定的更迭，不能适应数字经济下新工作岗位的工人面临失业，而大量新兴的技能需求却缺少相关技术人才。因此，新农民、新农业、新工人、新工业将大量涌现，电脑控制、移动终端操作等技术将提高工作效率，降低人工成本及技术限制，使三大产业之间的界限变得模糊，最终实现产业的兼容。

二是技术兼容。在日渐一体化的数字经济融合中，互容性允许不同的平台和应用程序可以由不同的开发及使用人员进行联系和沟通，以此增加用户的使用价值。互容性是指不同硬件与软件、技术之间的兼容。不同的平台和应用程序之间的互相操作性允许这些单独的组件进行连接和沟通，这是基本数字技术日益趋同的结果。用户通过一个单一的平台访问更广泛的内容来体现互容性增加产品的价值。如今，由于数字经济中区别于传统实物交易的产品及服务均以数字化的形态存在，现实与虚拟技术的兼容成了数字经济的有力支撑。例如，虚拟现实技术能使人造事物像真实事物一样逼真，以此来应对现实中难以实现的情景，如对地质灾难及泥石流、火灾等突发事件的学习与体验。

三是发展兼容，即发展过程中消耗与可持续性的兼容。传统的经济发展认为，社会资源是有限的，经济发展必然会带来资源的消耗，因此与生态环境很难兼容，即经济的发展会对有形资源、能源过度消耗，造成环境污染、生态恶化等危害。而数字经济在很大程度上能做到在消耗资源的同时，保障社会经济的可持续发展。

3.共享

技术变得越来越嵌入我们的生活，因此产生了越来越多的数据。数据或技术的共享会吸引更多的用户或组织如广告商、程序开发人员到平台上来，带来的直接效果就是平台上的用户越来越多，吸引力越来越大，用户与产品的相互作用越来越明显，会有更多的用户和有价值的产品不断出现。共享带来的间接效果是由于平台的高使用率会对类似平台或产品的原始用户带来收益，同时原始用户通过技术把一部分额外效益无偿转移给其他生产者或消费者。例如，被广泛采用的操作系统会吸引应用程序开发人员生产新的应用兼容程序操作系统来保障用户的利益，同时自身也获得额外收益。

（三）数字经济的发展阶段

数字经济的发展经历了三个阶段：第一阶段是20世纪70年代开始的孕育阶段，以数字嵌入技术和数字内容产品的产生为代表；第二阶段是20世纪90年代的成长阶段，这一阶段形成了对数字经济产业的基本数字技术支持体系；第三阶段是20世纪末以来的崛起阶段，在此阶段中全球数字经济由技术向市场迈进，数字产品的交易与应用不断拓展。

1.数字经济的孕育阶段

数字经济的外延产品先于互联网的出现，然而互联网的迅猛发展加速了数字经济的成长和人们对数字经济的理解。计算机、嵌入式软件和网络技术的发展为数字经济的初步形成提供了技术支持。

以计算机、嵌入式软件和通信网络为基础的互联网的诞生是现代数字经济走入人们眼帘的标志性事件。在互联网的诞生阶段，诸如英国、法国、加拿大和其他一些国家，虽然已经创建了自己国家的计算机网络或是正在筹备计算机网络的建设，但技术障碍的存在使网络并不能实现全球通信，而TCP／IP协议（一种用于异构网络的通信协议）的出现使不同网络之间的跨网通信成为可能。

总之，计算机和网络技术的发展为数字经济的形成提供了技术支撑，为数字产品通过互联网在全球范围内传播提供了孕育阶段的客观条件。换言之，TCP／IP协议是数字内容产品孕育的一个标志，它的出现使数字内容在互联网上出现及传播成为可能。

2.数字经济的成长阶段

网络通信行业的基础设施建设为推动数字经济的发展奠定了基础。网络通信行业的基础设施建设主要包括搭建网络所必需的计算机硬件制造，通信硬件、软件和服务。

3.数字经济的崛起阶段

综合性信息网络的形成是数字经济形成的标志，数字工作者也应运而生，大量新的数字实践技能被不断挖掘，其对商业、政府甚至整个社会都带来了深远且深刻的影响。数字经济引发的第三次浪潮创造了新的市场，并提供资源和需求的流动渠道，因此全世界的组织和个人都可以参与创新、创造财富和社会互动。例如，政府的数字化影响各项政府服务、监管程序、决策过程和治理制度，帮助社会公众通过数字化产品和技术广泛参与到政府事务当中，提高政府的工作效率、转变政府职能、降低管理成本。同时，一些关于网络发展的理论及相关的政策也为数字经济的发展起到了巨大的推动作用，比如梅特卡夫法则、摩尔定律、达维多定律及数字商业政策等。这些理论的应用揭示了数字经济的基本特征：一方面有利于学者学习和研究数字经济的内涵；另一方面，则便于决策者把握数字经济脉搏，完善相应的制度和法律保障，确保市场的健康发展。随着相关理论的深入和政策的不断完善，数字经济呈现崛起状态。

二、数字经济对社会经济发展的影响

（一）数字工作者

从产品生产到消费者反馈，数字技术随处可见，通过数字化进程，世界上的多数企业都受益颇深。未来数字化进程还将继续，并且为推动全球化贡献力量。传统工作者必须改变自身认知和技能，来适应数字经济带来的巨大改变。劳动力构成也随之发生巨大变化，更多地从“非技术”工作向技术工作转变，人工需求主要集中在设计、编程、计算和通信基础设施的保养和维修等方面。“非技术”一词是指不需要任何职业培训和资格认证的工作，典型的例子是专业或简单的农业生产、手工操作，短周期机器运转，重复的包装任务和单调的监测活动。长期来看，数字化可能会带来新形式的非技术性工作机会。

我们应该考虑影响数字化工作机会的三个主要方面。第一，自动化的潜力是有限的，专业知识的重要性不能为计算机所替代；第二，任务和工作流程的动态性；第三，高度不同的工作结构和条件。出于多种原因，我们不应该将数字化改造极端化，更合理的假设是随着数字化工作的进步，非标准化工作将朝着不同的方向发展。当前的研究使我们能够展望非技术性工作的四种发展路径：一是“自动化非技术的工作”，即非标准化的工作将在很大程度上为机器所取代；二是“非技术性工作的产业升级”，即升级非标准化工作；三是“数字化非技术工作”，即出现的新形式的非技术性工作；四是“结构稳定的非技术性工作”，即不改变现有的人员和组织结构。这些不同的发展路径通过支持自动化和产业升级提高工作的质量和提供“体面的”工作，同时这将进一步减少低学历人群的就业机会。

（二）数字消费者

在数字经济的推动下，消费者通过互联网进行购物可更多地选择，这是因为他们发现通过这种方式可以在作出购买决策时获取更多的信息，促使选择大大增加。网站销售比传统零售提供更多的选择。在网上，读者可以输入关键字选择他们想要的产品类型，选择一些品种齐全或者可信度比较高的门户网站，搜索它们的相关信息并进行浏览，通常这些产品几天或者几周之内就会到达消费者手中。

传统的消费者获取信息的方式、生活形态相对比较单一，然而随着移动设备的流行与普及，互联网用户在信息爆炸时代对实时化、更快获取资讯和参与交流的需求更加强烈。信息获取渠道的不断丰富，可供选择的信息也参差不齐，消费者对信息的选择与过滤更加频繁，会更加主动查询和长期关注由真实用户发表与分享的产品使用体验与回馈。总之，面对数字时代，消费者在商品信息的筛选、产品的选择、价格的对比及进行实地的拜访查询和售后维权等过程中表现出更强有力的自我决策意识。

（三）数字商业

虽然“数字商业”这个词已经被广泛使用了一段时间，也有了各种各样的含义，现在作为一个明确用于描述新兴的商业生态系统的术语将很快引领商业运作的方式。无论是个人还是企业如何思考过去的数字业务，但现在是时候改变以往的陈旧观念了。智能手机、平板电脑、可穿戴设备联网对象及不断扩大的B2B（电子商务中企业对企业的交易方式）和B2C（电子商务中企业对消费者的交易方式）应用程序意味着一个公司与消费者、商业伙伴实时互动的能力呈现出“信息爆炸”的倾向。市场，无论它究竟是何种形式，都具有三项主要功能：一是匹配消费者和供应商；二是为与市场进行相关的信息、货物、服务的交换及支付提供便利；三是提供制度基础如法律和法规框架，使市场运行得更有效率。

（四）数字政府

事实上，政府治理数字化的规模已经超过其他行业。数字政府是指政府机构利用信息和通信技术如电话、电脑、网络等基础设施，在数字化、网络化的环境下进行日常办公、信息收集与发布、公共管理等事务的国家行政管理形式。数字政府包含多方面的内容，如政府办公自动化、政府实时信息发布、各级政府间的可视远程会议、公民随机网上查询政府信息、电子化民意调查和社会经济统计等。数字化政府在现代计算机、互联网通信技术的推动下，使政府工作效率显著提高，并推动了政府由管理职能向服务职能的转变。

（五）数字社会

随着社会数字化的迅速发展，人们的生活和工作方式发生了巨大的转变。例如，正在从支持“健康和福利”转向强调“幸福”。数字技术可以用来向更健康的生活方式提供个性化的服务，促进个人的成长和增加它们对社会的贡献。数字社会一般是指“自然—社会—经济”复合系统的范畴，数字社会包含自然环境及人口两个基本要素。在数字经济的大框架下，从“人”的角度来探讨数字社会的巨大变革。数字社会简单归纳为人类发展的台阶式进化，既包含生产方式、生活方式、人际关系的变化，也包含数字经济政策的革命性进展。

三、推动我国数字经济发展的策略

数字化是当今世界发展的大趋势，是推动经济社会变革的重要力量。由数字经济衍生出来的传统产业的数字化和智能化，新兴产业集群的深度发展，要求我们采取不同的路径去分析与发展，以拓展数字经济的发展空间。

目前，我国发展数字经济面临着政策红利持续释放、产业格局深刻调整、经济转型步伐加快的三大历史机遇，同时也存在着传统产业生态尚未成熟、数据价值挖掘不足、核心技术突破受制约、数字人才缺乏等诸多问题，机遇与挑战共生、弯道超车与掉队风险并存，但传统产业肯定有其固有的生产与发展模式，因此需要着眼全球、立足国情，对于传统产业的数字化转型升级要总结出其特有的发展路径，从以下几方面协同推动我国数字经济的发展。

（一）加强数字经济的宣传引导，为其发展营造良好的氛围

虽然数字经济在消费领域已经深入人心，但在农业和工业等一些传统领域，人们对数字经济的认识和理解还不够深入，一些中小企业对数字经济的发展还处

于观望状态。因此，政府需要加强宣传引导数字经济，让全社会都能够深刻认识到发展数字经济的作用和意义，积极参与到数字经济的建设中来。例如，政府可以发布相关行业数字经济具体行动计划，对针对性行业进行企业试点，然后通过利用企业典型的成功案例进行宣传推介，形成明星企业示范效应，吸引各类企业加入实践。同时，政府还可以通过资金引导、创建产业基金或创投基金等，给传统企业数字化转型升级提供资金扶持，从而缓解传统企业的资金压力。

（二）加强核心技术研发，为传统产业转型发展提供新动能

技术的发展和应用在数字经济发展中占据着极其重要的地位，而企业在产业链中的地位也往往是由核心技术的差距决定的。中国想要更好更快地发展数字经济，传统产业想要在国际竞争中占据主导地位，就必须提升自身的技术创新水平，尤其是在计算机、通信和微电子技术领域中拥有自主知识产权。因此，政府和企业要高度重视核心技术的研发，加大研发资金的投入，吸引高科技人才。这样，才能够为数字经济发展提供基本保障，促进我国传统产业的数字化转型。

（三）进一步完善基础设施，为数字经济发展、传统产业转型升级奠定良好基础

互联网的快速发展和普及应用是发展数字经济的基础条件，也是传统产业数字化转型的必要条件。只有基础设施牢固，我国的传统产业才能稳步地走向数字化。经过这么多年的建设，中国在信息网络建设上取得了一定成就，可以说已经为数字经济的发展奠定了一定的基础，但是还存在地区发展不均衡的问题。传统产业的数字化转型要求基础设施建设均衡发展，这样才能满足数据的全面性覆盖，充分发挥数字技术在传统产业中的应用。要继续加大对基础设施建设的投入，缩小地区发展差异，同时提升贫困地区的基础保障能力，助力传统产业的转型升级。

（四）充分发挥政府作用提供新兴产业发展支撑

政府根据产业演化规律，在不同的阶段采取不同的措施，制定相应的政策与工具：在产业成长初期，要加强基础研究，选择适宜技术和适当产业进行发展；在产业发展中期，要加强科技成果转化，侧重提高创新技术转化率，形成全面提升融资水平和模式、知识产权保护、基础设施配套等环境体系；在产业成熟期，加强新兴技术和产品产业层级，规范市场秩序，避免市场垄断。

（五）重视市场力量，加强市场需求拉动

通过技术改造、产品服务和品牌推广，改善消费习惯，增强消费者对产品的信心；实施“走出去”战略，引导战略性新兴产业攀升高端市场；要下大力气创造良好的营商环境，实现国内、国外市场开拓。

以陕西省为例，该省科学谋划在“追赶超越”中努力抢占数字经济制高点，从高质量促进基础型数字经济发展、高效益推动融合型数字经济转型、高标杆引领产业从体制机制创新这三大方面着手，全力推进数字经济发展壮大。首先，积极完善基础设施建设，实施宽带网络提质扩面，加快宽带网络光网化，不断提升骨干网络、支线网络、入户网络传输网速和质量，努力普及企业单位、城镇商业楼宇和住宅小区、农村行政村通光纤，并且提高移动网络的稳定性。其次，持续壮大融合型数字经济产业，促进农业、工业、服务业的数字化转型。最后，健全和完善数字经济产业治理体系，健全和优化数字经济产业评价体系。

总之，数字经济成长发展的根本路径在于以互联网和数字经济为引擎，发挥信息化和数字经济驱动引领作用，加快完善政策体系，提升信息基础设施建设水平，支持实体经济加快数字化转型。

结束语

回顾以往的经济发展历史可以发现，经济建设与技术进步长期以来都深受企业赋能和产业组织演进的影响，相互之间有着密不可分的关系。此外，企业发展在解决社会就业问题及推动社会发展方面起到重要作用，是国民经济持续稳定发展的先决条件。因此，社会各界都应该关注和重视企业的经营与管理。在笔者看来，企业管理应强调策略和方式的创新。

（一）促进管理理念创新和管理组织优化

企业管理的创新应注重思想和理念的转变，秉承实事求是的基本原则，围绕既定的发展目标，顺应市场发展的规律，强调管理效益的提升，在实践中总结经验，吸取教训，找出问题，积极应对各种风险和挑战，持续提高企业的核心竞争力。企业管理的组织优化，应围绕既定的战略发展目标来转变传统的管理理念，优化现有的管理制度，改变以往的管理模式和方法，根据消费者的需求和意愿来构建完善的管理制度体系。在条件允许的情况下，可尝试在某些试点进行试验，进而大范围推行，为企业的长远发展创造有利的环境条件。

（二）促进企业管理制度和人文关怀结合

企业管理制度的建立健全需突出人文关怀，让员工对企业产生强烈的归属感，进而提高整体的管理效果。作为管理者，需秉承以人为本的服务理念来建构适合企业发展的管理制度体系，关心爱护自己的员工，赋予员工充分的空间和自由，为员工的个人发展创造机会和条件。企业需通过制度建设与更新来整合内部资源，提高人力资源的利用效率，为员工的个人发展提供丰富的资源，或是在薪资福利等方面给予员工一定的补贴和保障，为员工提供深造的机会和平台，增强员工对企业的责任感和归属感，在企业组织内部形成强大的核心凝聚力。

（三）促进企业经济效益和社会责任结合

作为企业，既要时刻关注经济发展的趋势和状况，也要明确自身肩负的社会责任与社会职能。社会发展必然会深刻影响企业的经营和管理，企业要想维持自身的长远稳定发展，必须积极承担自身肩负的社会重任，敢于接受各种各样的挑战。管理者应引导职工产生为社会服务的观念；借助先进的信息技术和手段来宣传推广企业，进而塑造良好的企业品牌形象；深刻了解自身发展对社会和环境所造成的影响，进而制订行之有效的优化计划，在保证经济效益的同时兼顾社会效益与生态效益。

（四）促进网络信息化管理体系开发建设

随着信息时代的到来，互联网信息技术在社会各个行业领域得到广泛的应用，企业管理也不例外。考虑到企业网络管理的建设与发展，企业需将先进的信息技术应用到内部管理中，构建信息化的管理体系，为数据信息的搜集、整理、存储与分析做好准备。此外，企业应秉承为客户服务的宗旨和理念，顺应市场发展的趋势和规律，基于先进的信息技术来构建完善的客户体系，丰富业务内容和组织形式，创造可观的经济效益和社会效益，为企业的长效稳定发展打下坚实的基础。

企业管理是一种面向企业的管理思想和理念，相关理论在市场实践中不断完善，对企业的长远发展有着深刻的影响和意义。由此可见，企业管理与社会经济发展始终保持着高度的统一性。现如今，国民经济得到快速的发展，赋予了企业新的社会重任和时代使命。作为企业，应明确自身的社会职能和责任，时刻关注市场发展的趋势和状况，转变传统的管理理念，构建科学的内部组织管理制度体系，强调企业发展与人文关怀的深度融合，创造可观的经济效益和社会效益，为国民经济的建设与发展创建和谐、公平的环境。

参考文献

[1]白雄，韩锦绵，张文瑞.数字经济发展赋能绿色经济增长：后发优势与隧道效应[J].统计与决策，2024，40（1）：23–28.

[2]曹晓丽，王肖肖，杜洋.人工智能在企业人力资源管理中的应用与优化研究[J].信息系统工程，2024（1）：86–88.

[3]陈唯玮.企业文化在人力资源管理中的创新应用分析[J].中外企业文化，2023（10）：229–231.

[4]迟美佳，李燕.数字经济发展对服务业优化升级的影响机制研究[J].商业经济，2024（2）：18–21.

[5]邓爱华.大数据背景下的企业人力资源绩效管理[J].上海企业，2024（1）：65–67.

[6]戴翔.数字技术创新发展易货贸易的机遇及对策[J].治理现代化研究，2024，40（1）：41–51.

[7]贺东航.可持续性与经济社会高质量发展的中国行动[J].山西大学学报（哲学社会科学版），2024，47（1）：1–11.

[8]何红林.基于数字经济助力企业高质量发展的策略研究[J].商场现代化，2024（1）：133–135.

[9]韩文龙，俞佳琦.数字经济与实体经济融合发展：理论机制、典型模式与中国策略[J].改革与战略，2023，39（6）：65–78.

[10]江连鑫.论人力资源管理在企业管理与发展中的地位和作用[J].湖北开放职业学院学报，2022，35（18）：118–119+122.

[11]江玉娟，孙丹丹，刘传磊.集体经济公司化经营模式比较研究[J].农业经济，2024（1）：72–75.

[12]靳晓旭.全球化人力资源管理与系统落地[J].企业管理，2024（1）：120-123.

[13]罗娟丽.浅谈企业文化对人力资源管理的促进作用[J].活力，2023，41（18）：90-92.

[14]李柯.浅谈数字经济时代下企业数字化转型的挑战[J].中国价格监管与反垄断，2024（1）：11-13.

[15]苗泽华，王成敏，李金英.以“共同富裕”信念为新时代企业文化赋能[J].时代经贸，2023，20（12）：140-143.

[16]马黄龙，屈小娥.中国绿色经济发展质量的地区差异与动态演进[J].统计与决策，2024，40（1）：102-107.

[17]聂贵洪.新常态下企业文化建设与企业管理的融合发展路径解析[J].中国管理信息化，2023，26（20）：120-122.

[18]彭敏.高质量发展的经济伦理意蕴[J].中国商论，2024（1）：37-40.

[19]钱津.关于新时代提升经济增长率的几点思考[J].河北经贸大学学报，2024（1）：1-8.

[20]若荣娇.企业人力资源管理薪酬激励策略优化对策[J].商场现代化，2024（1）：63-65.

[21]孙海红.企业人力资源管理中的薪酬管理的创新实践分析[J].商场现代化，2024（1）：66-68.

[22]佘运九，严力群.从工业文明到生态文明：创新与绿色增长[J].未来与发展，2022，46（12）：26-33+58.

[23]苏勇.探索中国式企业管理[J].企业管理，2024（1）：13-15.

[24]王克.新形势下企业经济管理的创新策略[J].商场现代化，2024（1）：91-93.

[25]王静.企业文化建设在企业管理中的重要性[J].现代企业文化，2023（25）：17-20.

[26]王思宇.融媒体赋能企业文化传播的路径研究[J].常州信息职业技术学院学报，2023，22（6）：94-96.

[27]王祎晨.数字经济发展对区域绿色创新水平：先扬后抑还是先抑后扬[J].现代商贸工业，2024，45（4）：4-7.

[28]王晓刚.企业人力资源集约化管理策略实施[J].上海企业，2024（1）：80-82.

[29]王晓莹.企业人力资源管理中人员招聘体系的优化设计[J].中国集体经济，2024（3）：127–130.

[30]魏丹枫.互联网经济下企业管理方案创新探究[J].商场现代化，2024（1）：130–132.

[31]温凤媛.数字经济与实体经济融合发展研究[J].沈阳师范大学学报（社会科学版），2024，48（1）：68–73.

[32]吴傲立，梅乐.绿色人力资源管理研究[J].合作经济与科技，2024（3）：106–108.

[33]吴乔.数字文化产业赋能实体经济高质量发展[J].中国集体经济，2024（3）：26–29.

[34]肖樱丹.人力资源管理数智化：追求最优方案[J].人力资源，2024（1）：142–145.

[35]相均泳.以新质生产力推动首都经济高质量发展[J].北京观察，2024（1）：36–37.

[36]谢飞.经济发展新常态下战略性人力资源管理体系研究[J].中国集体经济，2024（3）：119–122.

[37]叶楠.企业经济管理风险内控方法[J].中国集体经济，2024（1）：73–76.

[38]袁孝慈.我国数字经济的研究热点与展望[J].中国商论，2024（1）：65–69.

[39]曾翔.关于人力资源管理中现代企业文化的激励机制[J].中国集体经济，2024（1）：109–112.

[40]张波.企业文化建设对企业经济发展的促进作用[J].现代企业文化，2023（26）：5–8.

[41]张更忠.人力资源管理效能提升的策略[J].四川劳动保障，2023（12）：32–33.

[42]张强，于丽艳.数字化时代企业人力资源管理变革[J].合作经济与科技，2024（4）：116–118.

[43]章艳华，王琪，胡田田.数字经济创新引领城市高质量发展的路径研究：以淮安为例[J].江苏商论，2024（2）：36–39+54.

[44]张召哲.数字经济下企业财务管理模式创新探讨[J].合作经济与科技，2024（3）：125–127.

[45]赵泓禹.共享经济时代企业人力资源管理的有效性探究[J].中国集体经济，2024（3）：123–126.

[46]赵丽，尹妍.数字金融支持经济高质量发展的研究综述[J].财会月刊，2024，45（1）：117–122.

[47]郑艳君.企业文化在人力资源管理中的应用分析[J].企业改革与管理，2023（17）：110–111.

[48]郑晓花.企业文化塑造对种业公司人才管理的影响分析[J].分子植物育种，2024，22（4）：1368–1373.